T0209329

Werke der „kompakt-Reihe" zu wichtigen Konzepten und Technologien der IT-Branche:

- ermöglichen einen raschen Einstieg,
- bieten einen fundierten Überblick,
- sind praxisorientiert, aktuell und immer ihren Preis wert.

Weitere Titel der Reihe siehe: http://www.springer.com/series/8297

Christine Wolfinger

Linux-Unix-Kurzreferenz

Für Anwender, Entwickler und Systemadministratoren

Christine Wolfinger
München, Deutschland

ISSN 2195-3651
ISSN 2195-366X (electronic)
ISBN 978-3-642-34723-8
ISBN 978-3-642-34724-5 (eBook)
DOI 10.1007/978-3-642-34724-5

Die Deutsche Nationalbibliothek verzeichnet diese Publikation in der Deutschen Nationalbibliografie; detaillierte bibliografische Daten sind im Internet über http://dnb.d-nb.de abrufbar.

Springer Vieweg

Springer Vieweg ist eine Marke von Springer DE.
Springer DE ist Teil der Fachverlagsgruppe Springer Science+Business Media
www.springer-vieweg.de

Vorwort

Ursprünglich war diese Kurzreferenz als kleines Nachschlagewerk für die Kursteilnehmer meiner ersten Unix-Kurse gedacht, in der die Kommandos aus dem Kurs mit den häufig benutzten Optionen alphabetisch sortiert waren. Diese Karte wurde so beliebt, dass ich sie erweiterte um die wesentlichen Shell-Konstrukte und vor allem um die Editoren wie vi und sed. Mit jedem Kurs kamen neue Elemente hinzu. Auch ich selbst möchte sie nicht mehr missen; denn wer kann sich schon alle Kommandos merken. Deshalb gibt es gleich zu Beginn eine Übersicht, welche Kommandos für die jeweiligen Arbeitsbereiche für Anwender und Systemverwalter nützlich sind. Es gibt zwar das Kommando »man -k« (oder »apropos«), mit dem man nach Eigenschaften der Kommandos suchen kann – doch hier sind die Treffer oft zu zahlreich, um das Gesuchte schnell herauszufinden.

Besonderen Wert habe ich auf Beispiele gelegt; denn arbeitet man nur ab und zu mit bestimmten Tools, vergisst man die oft nicht einfache Syntax – ein Semikolon oder ein anderes Sonderzeichen zu viel oder zu wenig oder nicht an der richtigen Stelle, könnte zu Fehlern führen und zusätzlichen Zeitaufwand für die Fehlerursache nach sich ziehen. So ist die Syntax z. B. beim AWK anders als bei Shell-Prozeduren. Mit Hilfe der Beispiele erinnert man sich und kann sich schnell wieder hineinfinden.

Nun hoffe ich, dass auch Ihnen die Kurzreferenz gute Dienste erweist, Ihnen lange Sucharbeit erspart und Ihnen Ihre Arbeit mit Linux/Unix erleichtert.

In diesem Sinne viel Freude mit Linux/Unix.

München, Januar 2013
Christine Wolfinger

Konventionen der Kurzreferenz

Darstellung der Kommandoeingabe:

Fettdruck	**Aufruf des Kommandos.**
[ ]	Mögliche Optionen. Die Klammer selbst wird bei der Kommandoeingabe nicht mitgeschrieben.
\	Nur aus Platzgründen wird hier die Kommandoeingabe in der nächsten Zeile fortgesetzt. Das Kommando wird ohne dieses Zeichen in einer Zeile eingegeben.
Kursiv	Einsetzen von entsprechenden Werten.
Kursiv-Trennung	Das Kommando wird hier nur aus Platzgründen in der nächsten Zeile fortgesetzt.

Darstellung unter Funktion:

(Kursiv)	Ableitung vom englischen Ausdruck.
Fettdruck	Hauptmerkmale des Kommandos
→	Querverweis, steht für: ›siehe auch‹
Seite nnn	Querverweis
>	vor einem Kommando als für die Detailbeschreibung
	Dateimanager (Konqueror) unter der grafischen Oberfläche.
Dateien Suchen	Hinweise auf die Menüfolge über den Startknopf unter der grafischen Oberfläche KDE.

Kennzeichnungen für Kommandos oder Informationen:

kom	Abkürzung für Kommando
kom ^{LX}	Kommando gilt nur für Linux,
kom $^{S-LX}$	Kommando gilt nur für SUSE Linux,
kom $^{R-LX}$	Kommando gilt für RedHat-Linux
kom ^{S}	Kommando darf nur der Administrator aufrufen.
<Strg+c>	Tastenkombination. Beide Tasten werden gleichzeitig gedrückt. <Strg> Steuerung entspricht bei englischer Tastatur <Ctrl> Control.
Verz, Dir	Entspricht einem Verzeichnis, auch Directory oder Ordner genannt.

Kennenlernen eines Linux-Systems

Wie lautet der Systemname, die IP-Adresse?
GUI:Yast → Netzwergeräte → Netzwerkkarte → Hostname
GUI: System → Mehr Programme → KInfoCenter → Network Interfaces
GUI/Befehl: yast | yast2 host
Befehl: hostname (-i), (hostname -sifd); ifconfig; uname -a
Betriebssystem – Version: cat /etc/issue; uname -a

Welche Hardware wurde erkannt und installiert?
GUI: System → Mehr Programme → KInfoCenter
Befehl: hwinfo | more; cat /proc/devices

Wie ist Plattenaufteilung – und wieviel Platz ist noch frei?
GUI: System → More Programs→ KInfoCenter → Partitions
GUI: System → More Programs → KInfoCenter → Storage Devices
GUI: System → More Programs → KInfoCenter → USB Dev
GUI: Yast → System → Partition (Vorsicht!)
Befehl: mount; fdisk -l; lsusb; df -h

Informationen über den Prozessor und aktuelle Prozesse
GUI: System → More Programs→ KInfoCenter → Memory
GUI: System → Monitor → System Monitor (KsysGuard)
Befehl: top; ps -ef

Wie groß ist der Speicher und dessen Auslastung?
GUI: System → More Programs → KInfoCenter → Memory
Befehl: cat /proc/cpuinfo; cat proc/meninfo; free; top

Welche Sound-Karte wird verwendet?
GUI: System → More Programs → KInfoCenter → Sound
Befehl: hwinfo | grep alsa (oder grep card)

Welche Software ist installiert?
GUI: Yast → Software → Software installieren oder löschen
Befehl: rpm -q -a

Welche Benutzer sind eingetragen?
GUI: Yast → Sicherheit und Benutzer → Benutzer bearbeiten u. anlegen
Befehl: cat /etc/passwd; users

Wie kommt man in die grafische Oberfläche (GUI)?
Aus runlevel 3 (Mehrbenutzer ohne GUI)
mit folgenden Befehlen: init 5 (Mehrbenutzer mit GUI)
X (nur X-Oberflfäche);

mit startx – in die entsprechende Oberfläche, die bei der Installation zugewiesen wurde
oder über die Startroutinen für KDE, Gnome oder xdm rckdm; rcgdm, rcxdm (start, restart)

Welche Optionen gibt es bei x-Befehlen?

Starten von x- Kommandos wie xterm, xclock, xcalc, xeyes
Beispiel:
xterm -bg red -fg black -geometry 80x40-0-0 &
wobei -0-0 rechte untere Ecke
       +0+0 rechte obere Ecke entspricht
       bg fg für background/foreground stehen
und u.a. folgende Farben zugewiesen werden können:
       black white yellow green red blue grey
über -fn können Fontnamen bestimmt werden
-fn *-font-name-mit-Zusatzangaben*
Übersicht der vorhandenen Fontnamen über xfontsel

Wie beendet man die grafische Oberfläche?

Beenden: über GUI Exit-Schalter
Abbruch einer X-Session: <Ctrl+Alt+BS>
oder über <Alt-F1> login: root; init 3
um wieder in den GUI zu kommen: init 5

Mehrere X-Anwendungen am gleichen Rechner

Weitere GUIs über Startmenü: Verlassen: Sitzung:
Benutzer wechseln, dann später wechseln mit
<Strg+Alt+F7> bis max. <Strg+Alt+F12>

X-Anwendungen für einen weiteren Benutzer

Auf lokalem Rechner Benutzung der X-Oberfläche erlauben: xhost +
Auf Remote-Rechner (Benutzer) die DISPLAY-Variable setzten:
export DISPLAY=XStation:0.0

X-Anwendung über ssh

Bei der Eingabe von ssh -X name@RemoteRechner
wird sowohl die Freigabe (xhost) erlaubt als auch die DISPLAY-Variable
entsprechend gesetzt.

Rund um den Printer

Um Drucker einzurichten, zu verwalten und Druckaufträge zu managen:
KDE Start → Utilities → Manage Printing
bzw. über einen Browser: http://localhost:631

Wichtig für die CUPS-Tools: Eigene Passwortverwaltung für vorhandene User mussen vorab eingerichtet werden mit lppasswd -a username (auch für die root!)

Druckaufträge starten, kontrollieren und abbrechen
(aus Unix Version V und BSD (Berkeley Software Distribution):
lp [-d Drucker], lpstat [-t], cancel,
lpr [-P Drucker], lpq, lprm
Drucker verwalten: lpadmin

Nie ohne Netz arbeiten: Sicherungen nicht vergessen!
MBR sichern:
dd if=/dev/hda of=/boot/MBR-alt.21Sep04 bs=512 \ count=1
MBR wiederherstellen
dd if=/boot/MBR-alt.21Sep04 of=/dev/hda bs=512 \ count=1
Plattenbereiche (filesysteme) z.b. sichern mit
dd if=/dev/hda2 | gzip > imagehda2.gz
und wiederherstellen
gunzip < imagehda2.gz > /dev/hda2
Hierbei darf das aktuelle Verzeichnis nicht auf /dev/hda2 liegen
(am besten /dev/hda2 ist nicht eingehängt).
Sicherung auf fremden Rechner mit tar und ssh:
tar -cvzf - . | ssh Rechnername dd of=Geschaeft.tar.gz
Verzeichnisse über cpio in Kombination mit find (je nach Suchkriterium auch als inkrementelle Sicherung möglich)
cd "in das zu sichernde Verzeichnis"
find . [-newer letztes_Sicherungsprotokoll] | cpio -pvmd \
Sicherungsverzeichnis 2> Sicherungsprotokoll$(date +"%d.%m%y")
Als Fehlerumleitung werden die mit "-v" angezeigten Dateien und evtl.
Fehlermeldungen in das angegebene Protokoll geschrieben
Firmen nutzen sehr oft spezielle Sicherungstools (z.B. Tivoli).

Dokumentation
sitar – Erstellt eine umfangreiche Dokumentation als html- oder pdf-Datei (In opensuse 12.1 nicht mehr enthalten).
Sonst sich selbst ein Systembuch anlegen, das u.a enthalten sollte:
Systemname, Hardware-Informationen wie Prozessor, Memory, Soundkarte, Terminal, Maus, Platten und deren Aufteilung/Partitionen
z.B. über ksnapshot die Partitionstabelle ausdrucken u. evtl. noch mit Bemerkungen versehen.
Die wichtigsten Dateien ausdrucken:
/boot/grub/menu.lst, /etc/inittab, /etc/passwd, /etc/X11/xorg.conf u.a.

Kommandoüberblick für den Anwender

Mit Hinweisen auf einige grafisch aufbereitete Programme unter Open-SUSE Linux KDE[1]

Rechner ein- und ausschalten

Generell sollten Linux/Unix-Rechner, speziell wenn sie als Serverr genutzt werden, nur vom Systemadministrator ein- oder ausgeschaltet werden. Je nach Default-Einstellung des Runlevels in der /etc/inittab wird der Rechner in den Single-, Multiuser- oder Multiuser mit grafischer Oberfläche hochgefahren. Die Besonderheiten der einzelnen System finden Sie unter den Rubriken Systemverwaltung Linux OpenSuse, und RedHat.

Um einen Rechner auszuschalten, müssen vorab alle Prozesse abgeschlossen werden. Dies erfolgt mit dem Kommando →**shutdown, halt** Es darf nur von **root** (Systemadministrator) gestartet werden (oder direkte Zuweisung z. B. über →**sudo**. Deshalb finden Sie auch für shutdown detaillierte Angaben unter den »Benutzerkommandos alphabetisch«.

Unter OpenLinux wird dem Benutzer erlaubt über den Abmeldeknopf in grafischen Oberfläche, das System herunterzufahren.

An- und Abmelden

Nach dem Hochfahren wird ein Login-Prompt angezeigt, bei dem Benutzername und Passwort eingegeben werden muss.

Ein Wechsel der Benutzeranmeldung kann mit *switch user* erfolgen →**su**

Ist keine grafische Oberfläche gestartet, kann eine Sitzung beendet werden mit →**exit,** →**logout** bzw. **<Strg+d>**

Über CDE (grafische Oberfläche) im Kontrollpanell mit

Als Benutzer z.B. bei OpenSuse Linux über das Startmenü bzw. im Kontrollpanell. Über ein Zusatzmenü kann dann ausgewählt werden, ob nur die Sitzung beendet (Abmelder) der Rechner ausgeschaltet (Herunterfahren), neu gestartet (Neustart) oder der Rechner in Tiefschlaf oder Ruhezustand versetzt werden soll.

Beenden

Abmelden

---

[1] *Die Menüfolge richtet sich nach der jeweiligen Installation. Unter CDE Unix gibt es ähnliche Programmfolgen.*

4

Benutzer- und Systemumgebung

Informationen über die angemeldeten Benutzer
und Ihre eigene Umgebung liefern Ihnen

→ **finger,** → **tty,** → **who, rwho,** → **id,** → **logname**

Das Passwort ändern Sie mit   → **passwd**
oder mit

Favorites → **Configure Desktop** → **Common Appearance**

Account Details → **Password & User Account** → **Change Password**

Kalender-Informationen, Datum und Uhrzeit
zeigen Ihnen   → **cal,** → **date**

oder automatisch im Panel und über

Favorites → **Configure Desktop** → **System Administration**

YaST → **System** → **Date and Time**

Kommandos zu bestimmten Uhrzeiten
starten Sie einmalig mit   → **at**
wiederkehrende Aufgaben mit   → **crontab**

Den Bildschirm können Sie löschen mit   → **clear**
den Hinter- und Vordergrund umstellen mit   → **tput**

Die Versionsnummer des UNIX-Systems
erhalten Sie mit   → **uname**

Dateiverwaltung

(Alternative Anwendungen auf der grafischen
Oberfläche sind bei KDE der Dolphin, bei
CDE der Dateimanager) (Symbolleiste)

Den Namen des aktuellen Verzeichnises
erhalten Sie mit   → **pwd**

Die Inhaltsliste eines Verzeichnises und Attribute
von Dateien zeigt Ihnen   → **ls**

Den Inhalt einer Text-Datei (ASCII) erhalten Sie mit

→ **cat,** → **head,** → **pg,** → **more,** → **less,** → **tail,** → **vi**

Anwendungen → **Editor** → **Texteditor Kwrite**

                                    kwrite &
Druckbare Zeichen bei Binärdateien mit   **strings**

Je nach Inhalt der Datei z.B. (pdf-Dateien, html):

bzw. automatische Zuordnung beim Anklicken
der Datei oder über das Kontextmenü*:

→ **Öffnen mit Okular**

okular &

Die Art einer Datei bzw. des Inhalts stellen
Sie fest mit
→ **file**

oder automatisch in der Statuszeile

In ein anderes Verzeichnis wechseln Sie mit
→ **cd**

oder durch Anklicken des betreffenden Ordners

Verzeichnisse legen Sie neu an mit
→ **mkdir**

oder über Kontextmenü: **Neu Erstellen**

Dateien im Dateibaum suchen Sie mit
→ **find**

oder über
Dateien Suchen
find Files/Foders

Kopieren, sichern können Sie mit
→ **cp,** → **cpio,**
→ **tar,** → **gzip,** → **zip**

oder durch Drag and Drop

Dateien umbenennen bzw. in ein anderes
Verzeichnis verschieben mit
→ **mv**

o. durch Verschieben bzw. Ändern der Eigenschaften

Dateien oder Verzeichnisse löschen mit
→ **rm** oder **rmdir**

oder Ziehen der Datei in den Mülleimer

bzw. über Kontextmenü
In den Mülleimer werfen

Den freien oder belegten Plattenplatz
erfragen Sie mit
→ **df,** → **du**

Dashboad: Arbeitsplatz
My Computer

Zugriffsrechte verändern Sie mit
→ **chmod**

oder über Datei auswählen: **Eigenschaften**

---

*   *Rechtemaustastenmenü*

Dateibesitzer verändern Sie mit	→ **chown**
Gruppe verändern Sie mit	→ **chgrp**
oder über Datei auswählen: **Eigenschaften**	▦

Das Datum einer Datei ändern Sie mit → **touch**
(existiert die Datei noch nicht, wird sie angelegt)

Dateiinhalte zweier Dateien vergleichen Sie mit	→ **cmp**
oder	→ **diff**
Dateien komprimieren Sie mit	→ **compress,**
	→ **zip, gzip**
dekomprimieren Sie mit	→ **decompress,** → **unzip,**
	→ **gunzip** bzw. **gzip -d**

Platten/Disketten montieren (einhängen,
aushängen) Sie mit → **mount,** → **umount**

⊙   **Rechner** → **Systeminformation**

Gerät auswählen, Kontextmenü: Laufwerk einbinden
bzw. Laufwerk lösen (sicher entfernen)

Dateien- und Zeichenbearbeitung

Inhalte von Dateien (Wörter, Zeichenketten)
suchen Sie mit → **grep, egrep, fgrep**

oder über ⊙ **Dateien Suchen**

ab 12.2 über Dolphin Find

Spalten bzw. Zeichen filtern Sie aus einer Datei heraus mit	→ **cut**
Dateiinhalte oder Zeichenketten sortieren Sie mit	→ **sort**
Tabstops in Dateiinhalte oder Zeichenketten wandeln Sie um mit	→ **expand**
Gleiche Zeilen entfernen	→ **uniq**
Zeilenumbrüche einfügen	→ **fold**
Zeichen und Zeilenbearbeitung	→ **ed,** → **sed,**
Spalten, Zeichen und Zeilenbearbeitung	→ **awk**
Zeichen umwandeln (transformieren) mit	**tr**

Druckausgabe

Dateien bereiten Sie für den Druck auf mit	→ **pr**
Dateien können Sie ausdrucken mit	→ **lp, lpr**

Den Status der einzelnen Druckerqueues/
Druckaufträge verwalten Sie mit   → **lpstat, lpq**

und löschen Sie mit   → **cancel,**   → **lprm**

oder über

                                   Utilities → Manage Printing
ab 12.2 Miscellaneous → Hardware → Printer

über Browser-Tool   **http://localhost:631**

bzw. über Browser: http://localhost:631

Editoren

Dateien oder Zeichenketten editieren Sie mit
          → **ed,**   → **sed,**   → **vi, vim,**   → **emacs**

oder mit dem grafischen Texteditor (CDE) oder
unter Linux KDE   **kwrite &**

             Anwendungen → Dienstprogramme → Editor

Hilfe

Eine Beschreibung der Kommandos und/oder
Systemdateien erhalten Sie über   → **man**

Eine Kurzinformation über das Kommando
gibt Ihnen   → **whatis**

Den absoluten Pfadnamen eines Kommandos
erhalten Sie mit   → **whereis**

Generell für Linux   → **khelpcenter &**

                                    Favoriten → Help

Welche Kommandos bestimmte Themen behandeln,
erhalten Sie mit   → **man -k** *Thema*

Prozessverwaltung

Welche Prozesse zur Zeit laufen, zeigt Ihnen   → **ps,** → **top**

oder   **System → Monitor → System Monitor**

Einen Prozess können Sie abbrechen mit   → **kill**

oder über   **System → Monitor → System Monitor**

über Kontextmenü: **Prozess beenden**

                                        ksysguard &

Shell-interne Kommandos

Aufrufe unterschiedlicher
Shells   → **ksh,** → **csh, tcsh,** → **bash**

Beenden einer Shell   → **exit**

Shell-Variable und Shell-Ablaufsteuerung (ab Seite 81)

Befehle für den Administrator

In eckigen Klammern [ ] werden bei Linux-spezifischen Kommandos mögliche Fast-Path zu yast angezeigt. Die mit * gekennzeichneten Befehle sind auch unter ›Kommandos alphabetisch‹ aufgeführt..

Systeminformation

→ **fdisk* -l** ^{LX}	Zeigt die vorhandenen Partitionen auf den Festplatten.
→ **free *** ^{LX}	Zeigt den freien und belegten Speicher im System an.
→ **hostname ***	Gibt den Rechnernamen und/oder IP-Adresse aus.
→ **hwinfo** *^{LX}	Überprüft die Hardware und gibt eine Aufstellung aus.
→ **kernelversion** ^{LX}	Gibt die Version des geladenen Kernels aus.
→ **sitar** $^{S-LX}$	Erstellt eine druckbare Version aller wichtigen Informationen des Systems (Hardware und Software, Systemdateien etc.).
→ **uname -a**	Gibt Informationen über das System aus (Kernel-Version, Name des Betriebssystems, Rechnername u.a.).
chkconfig -l	Zeigt die installierten Services je Runlevel an .→ Wichtige Dateien /etc/init.d Seite 101

Weitere Hilfekommandos

(neben man)

→ **info** kom ^{LX}	Gibt, soweit vorhanden, eine Info-Seite aus.
→ **khelpcenter** ^{LX}	Startet das grafische Hilfe-Tool unter KDE.
kom **--help** ^{LX} *kom* **[--info]** ^{LX}	Soweit vorhanden, werden die Informationen des Kommandos angezeigt.
Hilfreiche Links für Linux	→ Seite 84

Benutzer einrichten – verwalten

chage	Listet und ändert Zusatzinformationen zum Passwort wie Ablaufdatum etc.

Benutzer einrichten – verwalten – *Fortsetzung*

chfn	Ändert das Kommentarfeld der /etc/passwd. → chpass
→ chpass	Ändert Einstellungen der Passwortdatei.
→ chsh	Ändert die Login-Shell. → chpass
→ finger*	Zeigt die Benutzerinformationen angemeldeter Benutzer innerhalb eines Netzes.
→ gpasswd	Ändert das Passwort einer Gruppe.
→ groupadd	Legt eine neue Gruppe an.
→ groupdel	Löscht eine Gruppe.
→ groupmod	Ändert eine vorhandene Gruppe.
→ groups	Zeigt alle Gruppen an, zu denen der Benutzer gehört.
→ grpck	Prüft die Gruppendateien auf Integrität.
→ id	Zeigt die Id-Nummer und Gruppenzugehörigkeit an.
→ last	Zeigt eine Liste der zuletzt angemeldeten Benutzer.
→ logname	Gibt den Login-Namen des Benutzers aus.
mkpasswd	Gibt das verschlüsselte Passwort aus.
→ newgrp	Meldet Benutzer unter einer anderern Gruppe an.
→ passwd -g	Setzt Gruppenpasswörter.
→ passwd -l	Sperrt den Benutzer.
→ pwck	Prüft die /etc/passwd auf Konsistenz.
→ quota	Zeigt die Quota-Werte von Benutzern und Gruppen an.
→ su	Startet eine neue Shell unter anderem Namen.
→ useradd	Legt einen neuen Benutzer an.
→ userdel	Löscht Benutzereinträge.
usermod	Ändert Benutzereinträge.
users	Zeigt die Benutzer auf einem Host an.
→ vipw	Editiert die Passwortdatei mit Schreibrecht.

Dateiverwaltung

→ **bzip2**	Komprimiert Dateien
→ **bunzip2**	Dekomprimiert mit bzip2 verdichtete Dateien.
→ **cat ***	Gibt den Inhalt von Dateien aus oder führt Dateien zusammen.
→ **chgrp***	Ändert die Gruppenzugehörigkeit.
→ **chmod***	Ändert die Zugriffsrechte.
→ **chown***	Trägt einen neuen Besitzer als Owner ein.
→ **compress***	Komprimiert Dateien (aktueller und kompakter sind gzip und bzip2).
→ **cp***	Kopiert eine Datei oder ein ganzes Verzeichnis.
→ **csplit**	Zerteilt eine Datei kontextabhängig in mehrere einzelne Dateien.
→ **dd***	Kopiert Daten/Dateien im Raw-Format (z.B. blockweise).
→ **df***	Zeigt die freie Kapazität der Dateisysteme.
→ **du***	Zeigt die belegten Blöcke der Verzeichnisse.
→ **expand***	Ersetzt Tabulatorzeichen zu Leerzeichen.
→ **file***	Versucht, den Inhalt oder die Art einer Datei zu bestimmen.
→ **find***	Sucht Dateien in Dateibäumen nach unterschiedlichen Suchkriterien.
→ **fsck**	Überprüft die Konsistenz eines Dateisystems je nach Dateisystemtyp – in unterschiedlichen Varianten für die verschiedenen Dateisystemarten wie etwa **fsck.ext2, fsck.ext3, reiserfsck oder fsck.vfat.**
→ **getfacl**	Zeigt die zusätzlichen Zugriffsrechte über ACL an.
→ **gunzip***	Dekomprimiert Dateien im GNU-zip-Format (gzip komprimiert).
→ **gzip***	Komprimiert (und dekomprimiert) Dateien im GNU-zip-Format (gunzip dekomprimiert).

Dateiverwaltung – *Fortsetzung*

→ **head***	Zeigt jeweils die ersten *n* Zeilen einer Datei.
→ **less***	Zeigt Text seitenweise auf dem Bildschirm.
→ **ln*** **ln -s**	Vergibt zusätzliche Namen für Dateien (hardlink). Erstellt einen symbolischen Link.
→ **ls***	Zeigt den Inhalt von Verzeichnissen
→ **mkdir***	Legt ein neues leeres Verzeichnis an.
→ **mkfs** [S]	Legt ein neues Dateisystem auf einem Datenträger an. Für die unterschiedlichen Dateisysteme gibt es spezifische Versionen wie etwa **mkfs.ext2**, **mkfs.reiserfs**.
→ **mknod** [S]	Schafft einen neuen Geräteeintrag oder legt eine FIFO-Datei an.
→ **more***	Gibt Text seitenweise auf dem Bildschirm aus.
→ **mount** [S] *	Hängt Geräte in den Dateibaum ein.
→ **pr***	Führt eine einfache Formatierung (z.B. Unterteilung in Druckseiten mit Kopfzeilen) von Dateien für die Druckausgabe durch.
→ **setacl**	Setzt zusätzliche Zugriffsrechte für ACLs.
→ **split**	Teilt eine Datei in mehrere kleinere Dateien.
→ **tail***	Gibt jeweils die letzten Zeilen einer Datei aus.
→ **umask***	Definierte die Maske zur Voreinstellung der Zugriffsrechte bei neu anzulegenden Dateien und Verzeichnissen.
→ **xxd**	Hexadezimale Ausgabe eines Dateiinhalts mit zusätzlicher Darstellung in ASCII.
→ **zcat**	Gibt eine mit gzip komprimierte Datei aus, ohne dass sie zuvor dekomprimiert werden muss

Kommandos rund ums Drucken

→ **accept** [S]	Bewirkt, dass der Spooler Aufträge der angegebenen Drucker/Druckerklasse akzeptiert.
cupsd	Daemon für das Linux/Unix Drucksystem.
→ **disable** [S]	Deaktiviert die angegebenen Drucker.

Kommandos rund ums Drucken – *Fortsetzung*

→ **enable**^{S}	Aktiviert die angegebenen Drucker (nach einem disable).
→ **lp** oder **lpr***	Schickt Dateien zur Druckausgabe mittels des Print-Spoolers.
lpadmin^S	Verwaltungskommando für Drucker + Druckaufträge unter CUPS.
lpmove^S	Verschiebt die Aufträge eines Druckers (oder einer Druckerklasse) in die Warteschlange eines anderen Druckers/Druckerklasse.
→ **lppasswd**^{S}	Setzt ein Passwort für die CUPS-Verwaltung (bei OpenSuse auch für root notwendig).
→ **lpr***	Schickt Dateien zur Druckausgabe mittels des Print-Spoolers.
→ **lpstat***	Zeigt die Drucker und deren aktuelle Aufträge mit Status an.
→ **reject** ^{S}	Spooler Aufträge der angegebenen Drucker oder Druckerklasse nicht mehr akzeptieren.

Sicherung und Komprimierung

→ **afio**	Erlaubt die Übertragung und das Sichern von Dateien und Dateigruppen sowie das Wiedereinlesen (als Alternative zu cpio).
→ **cp** *****	Kopiert Dateien und Verzeichnisse.
→ **cpio –i***	Liest eine zuvor unter cpio -o erstellte Sicherung wieder ein.
→ **cpio –o***	Erstellt eine Sicherung im cpio-Format auf einem Datenträger oder in einer Datei. Die Liste der Dateien kann z.B. über find und Pipe (find ... | cpio ...) übergeben werden.
→ **cpio –p***	Kopiert die Eingabedateien (z.B. mittels find) in ein Zielverzeichnis.
→ **dd***	Kopiert und/oder konvertiert Dateien und Dateisysteme.

Sicherung und Komprimierung – *Fortsetzung*

→ **dump**	Führt eine dateisystemspezifische Totalsicherung oder inkrementelle Sicherung für Dateisysteme vom Typ ext2 oder ext3 durch.
→ **file-roller**	Einfaches und kleines Archiv-Tool unter Gnome.
→ **find ... | ** → **cpio -o ***	Sucht Dateien in Dateibäumen nach unterschiedlichen Kriterien und erstellt mit den gefundenen Dateien eine Sicherung im cpio-Format. → cpio
→ **gunzip***	Dekomprimiert mit gzip komprimierte Dateien.
→ **gzip***	Komprimiert (und dekomprimiert) Dateien.
→ **karchiver** *LX*	Einfaches und kleines Archiv-Tool unter KDE.
→ **restore**	Liest eine mit dump erstellte Sicherung eines Dateisystems (ext2 oder ext3) wieder ein.
→ **rsync**	Erlaubt Verzeichnisse zu synchronisieren und über Netz zu kopieren/sichern.
→ **scp***	Kopiert Dateien netzwerkweit und verschlüsselt sie.
taper	Mächtiges Sicherungsprogramm zur Sicherung auf Bandmedien.
→ **tar -c***	Erstellt ein Sicherungsarchiv auf Band oder in eine Archivdatei.
→ **tar -t***	Erstellt eine Inhaltsliste von einem mit tar erstellten Archiv bzw. sucht im Archiv nach vorgegebenen Dateien.
→ **tar -x***	Liest vorgegebene Dateien aus dem Archiv wieder ein. Fehlt die Angabe der Dateien, so werden alle Dateien extrahiert.
→ **unison**	Sichert (wie rsync) Verzeichnisbäume und synchronisiert sie (unter Verwendung des rsync-Protokolls).

Prozessverwaltung

→ **at***	Führt Kommandos zu vorgegebenen Zeiten aus.
→ **atq***	Zeigt alle anstehenden at-Aufträge an.

Prozessverwaltung – *Fortsetzung*

→ **atrm***	Erlaubt at-Aufträge zu löschen.
→ **atrun***	Lässt alle anstehenden at-Kommandos sofort laufen.
→ **batch**	Führt Aufträge zu Zeiten niedriger Systembelastung aus.
→ **bg***	Lässt Prozesse im Hintergrund laufen.
→ **crontab***	Setzt zeitgesteuerte Aufträge ab.
→ **fg***	Lässt Prozesse im Vordergrund laufen.
→ **fuser**	Zeigt die Prozessnummern an, die auf die angegebenen Geräte oder Verzeichnisse zugreifen.
→ **kdesu** ^{LX}	Ein grafisches Tool, um Kommandos unter einer anderen Benutzeridentität (z.B. Super-User) auszuführen.
→ **kill** *Signal PID* *	Sendet das angegebene Signal an den Prozess mit der *PID*
ksysguard ^{LX}	Grafisches Tool zur Systemüberwachung (ähnlich ps).
→ **nohup***	Lässt Programme nach dem Abmelden weiterlaufen.
→ **kill -9** *PID* *	Beendet den Prozess mit der angegebenen Prozessnummer.
→ **kill** -*SIGSTOP* \ *PID* *	Hält einen Prozess an (kill -SIGCONT *PID* setzt ihn fort).
→ **killall -c** *Befehl*	Beendet alle Prozesse eines Befehls.
→ **ps***	Zeigt die aktuell laufenden Prozesse an.
→ **pstree***	Zeigt die aktuellen Prozesse in einer Baumstruktur an.
→ **renice***	Verändert den nice-Wert eines laufenden Prozesses.
→ **su**	Erlaubt temporär unter der Identität eines anderen Benutzers zu arbeiten.
→ **sudo**	Erlaubt über die Definitionsdatei /etc/sudoers auch normalen Benutzern, bestimmte Programme mit dem Super-User-Recht auszuführen.

Prozessverwaltung – *Fortsetzung*

→, **top***	Zeigt interaktiv die ›Top‹-Prozesse an.
→, **vcron**	Grafisches Tool, um zeitgesteuerte Aufträge abzusetzen.
→, **visudo**	Editorbefehl für root, um die Datei sudoers zu bearbeiten.
→, **which*** **whereis**	Gibt den absoluten Pfadnamen eines Kommandos aus.
xhost*	Setzt die Berechtigung, um grafische Ausgaben von anderen Rechnern/Benutzern zuzulassen.

Netzwerke

→, **wireshark**	Zeigt sämtlichen Netzwerkverkehr an und analysiert ihn (früher ethereal).
→, **findsmb**	Zeigt alle Rechner an, die auf smb-Anfragen antworten (im Samba-Paket enthalten).
→, **finger***	Zeigt alle Benutzer an, auch jene, die über Netz angemeldet sind.
→, **ftp***	Transferiert Dateien über das Netz. Zur Sicherheit sollte sftp verwendet werden.
→, **host***	Zeigt die jeweilige Auflösung der Namens in IP-Adresse oder umgekehrt.
→, **hostname***	Gibt den in der Datei /etc/host eingetragenen Rechnernamen oder die IP-Adresse aus.
→, **ifconfig**	Gibt Kontrollwerte zu den installierten Netzwerkkarten aus (unter Windows: ipconfig).
ip ^{LX}	Ist mächtiger als ifconfig. Es kann sowohl Netzwerkgeräte, Routen und Tunnels anzeigen als auch diese verändern.
kinternet ^{LX} **qinternet** ^{LX}	Grafisches Tool zur Internetverbindung über Modem (s. a. wvdial) bei ifup-Methode qinternet statt kinternet ab 12.1
knetworkmanager	Grafisches Tool zur Internetverbindung ^{LX}

Netzwerke – *Fortsetzung*

→ **netstat**	Liefert Statusinformationen über das Netzwerk.
nmblookup	Zeigt NetBIOS-Namen an (Samba).
→ **nmap**	Kontrolliert den Netztransfer.
→ **ping***	Prüft IP-Verbindungen auf unterster Ebene.
→ **rlogin***	Remote-Login – ähnlich dem Kommando → telnet → ssh.
→ **route**	Zeigt die IP-Routen-Tabelle an.
→ **scp***	Kopiert (wie cp) Dateien verschlüsselt über Netz.
→ **sftp***	Transferiert Dateien verschlüsselt über das Netz.
→ **smbclient**	Greift auf Windows-Freigaben zu.
→ **smbpasswd**	Setzt Passwörter für Samba-Benutzer.
→ **smbstatus**	Zeigt die aktuellen auf Samba-basierenden Verbindungen an.
→ **smbtree**	Zeigt alle Freigaben über Samba im Netz an.
→ **ssh***	Öffnet eine Shell auf einem entfernten Rechner mit verschlüsselter Übertragung.
→ **ssh-keygen**	Generiert Schlüsselpaare für eine gesicherte Übertragung.
tcpdump	Zeigt allen Verkehr auf tcp an.
→ **telnet***	Anmelden an einem entfernten Rechner.
→ **testparm**	Überprüft die Samba-Konfigurationsdatei smb.conf.
traceroute	Kontrolliert das Netzwerk über Router.
wvdial ^{LX}	Wählt auf der Basis von PPP über das Modem die eingetragene Telefonnummer des Internetproviders in der Konfigurationsdatei.
→ **xhost***	Setzt die Berechtigung, um grafische Ausgaben von anderen Rechnern zuzulassen.
→ **xnmap**	Grafisches Tool, um den Netztransfer zu kontrollieren.
→ **yppasswd**	Vergibt Passwörter für Benutzer unter NIS.

Konfigurieren und Software nachinstallieren

instfix	Installiert Fixes.
insmod ^{LX}	Lädt ein Kernel-Modul (älteres Kommando). . → modprobe
insserv ^{LX}	Fügt ein installiertes System-Skript in die betreffen-den Init-Verzeichnisse der Runlevel.
→ **lsmod** ^{LX}	Zeigt den Status der Module im Linux-Kernel.
modprobe ^{LX}	Zeigt die eingebundenen Module des Linux-Kernels an, fügt neue hinzu oder löscht sie.
redhat-config -... $^{R-LX}$	Administrationswerkzeug und Konfigurationstool unter Redhat-linux vor ELS4.
→ **rpm** * ^{LX}	RPM installiert oder überprüft Softwarepakete, die als RPM-Pakete aufbereitet sind.

Werkzeuge für den Administrator

system-config -... $^{R-LX}$	Administrationswerkzeug und Konfigurationstool unter Redhat-linux ab ELS4 (davor redhat-config). → Seite 83
yast (yast2) $^{S-LX}$	Zentrales Administrationswerkzeug und Konfigura-tionstool unter OpenSuse Linux. → Seite 80

Kommandos alphabetisch

Kommandoeingabe	Funktion
accept[s] *Drucker*	Setzt die Auftragswarteschlange für einen Drucker oder eine Druckerklasse auf empfangsbereit.
afio [-**oitr**] [*Optionen*] *Archivname*	*archive files input output* Erlaubt die Übertragung und das Sichern von Dateien und Dateigruppen sowie das Wiedereinlesen.
	-o *output* erstellt ein Archiv
	-i *install* liest Dateien vom Archiv wieder ein
	-t *table-of-contents* gibt ein Inhaltsverzeichnis aus
	-r vergleicht das Archiv gegenüber dem Dateisystem
	Optionen:
	-v *verbose* Anzeige der Aktionen
	-Z Dateien werden über zip komprimiert (bzw. beim Einlesen mit unzip dekomprimiert)
	-n *newer* beim Einlesen von Daten werden neuere Dateien nicht überschrieben
alias [-**x**] *kürzel*="*Befehl* " *Beispiel:* **alias ll="ls -l"**	*Zusatzname* Setzt Kürzel für Befehle. → C-Shell, Unterschiede → Wichtige Dateien für den Benutzer, .bashrc, .kshrc

Kommandoeingabe	Funktion
apropos [**-rwh**] *Schlüsselwort*	Gibt eine Kurzbeschreibung des Kommandos aus. Hierfür muss die Kurzbeschreibung in der Index-Datenbank enthalten sein. **-r** interpretiert jedes Schlüsselwort als regulären Ausdruck, der im Befehlsnamen und in der Beschreibung gesucht wird (ohne Wortgrenzen) **-w** Wildcards können wie in der Shell (z. B. *, ?) im Schlüsselwort mit angegeben werden **-h** zeigt den Hilfetext an → man -k
arc	Älteres Tool, um Sicherungsarchive zu erstellen und zu bearbeiten (nachzuinstallieren).
at [*Zeit* [*Datum*] \ *Kommando* *Beispiel:* **at 18:00** *at>* **write** *hans* < *Ende* Weitere Optionen: **at** [**-l**][**-r** *Kommando*] Weitere Zeitangaben: **midnight, noon** **DD.MM.YY, today,** **tomorrow, nn minutes,** **hours, days, weeks** **at 13:00 tomorrow** *at>* **kpat &**	*at – zu bestimmter Zeit* Führt Kommandos zu bestimmten Zeiten aus. Um 18:00 wird "hans" die Nachricht, die in der Datei Ende steht, geschickt. **-l** *list* listet vorhandene at-Jobs (auch **atq**). **-r** *remove* löscht den at-Job für das betreffende Kommando (auch **atrm**). Am nächsten Tag um 13:00 wird kpat aufgerufen.
atq	*(at queue)* Zeigt alle anstehenden at-Aufträge an.

Kommandoeingabe	Funktion
atrm *Jobnummer*	*(at remove)* at-Auftrag löschen
atrun	Lässt alle anstehenden at-Kommandos sofort laufen.
awk *Beispiel:* for name in \\ $(who| awk '{print $1}' | uniq) do ps -fu $name done	*(Aho, Weinberger, Kernighan)* Mächtiges Werkzeug als Reportgenerator und Dateibearbeitung. → **awk** Übersicht
banner *Zeichenkette* *Zeichenkette*	**Großdarstellung von Zeichenketten am Bildschirm.** *(nicht unter Linux)*
bash	**Ruft die Bash auf.** Die Datei $HOME/.bashrc wird hierbei gelesen.
batch	Führt Aufträge zu Zeiten niedrigster Systembelastung aus (gleiche Syntax wie → **at**).
bg %*Jobnummer*	*background* *nicht sh* Der Job läuft als Hintergrundprozess weiter. → **fg** → **stop**
biff [y,n]	Benachrichtigt den Benutzer sobald neue mail eingangen ist. *nicht unter graf. Oberfl.*
break	*brechen /abbrechen* Beendet vorzeitig eine Schleife. → Konstrukte der Shell

Kommandoeingabe	Funktion

bzip2 [-**kfv**] [*Dateie(n)*]
Beispiel:
`bzip2 -k bild*`
`ls -s bild*`
`111635 bild.jpg`
`65432 bild.jpg.bz2`
	Komprimiert Dateien mit sehr hoher Komprimierung. Werden keine Dateien angegeben, wird von der Standardeingabe gelesen.
	-**k** [--**keep**] erhält die Eingabedatei(en)
	-**f** [--**force**] überschreibt evtl. vorhandene Ausgabedateien
	-**v** [--**verbose**] zeigt die durchgeführten Aktionen an

cal [[*Monat*][*Jahr*]] *Beispiel:* **cal 2000	more**	*cal*endar -Kalender-Ausgabe Zeigt den Kalender an.
cancel *Druck-Auftragsnr.* *Beispiel:* **cancel laser-124** Unter DOS: type /c	*annullieren, abbrechen* Löscht gestartete Druckaufträge. Auftragsnr. für Drucker-Queue laser. → **lp, lpstat**
case ... **esac**	Case-Verarbeitung (Auswahl) → Konstrukte der Shell
cat *Dateiname(n)* *Beispiele:* **cat *datei1 datei2* > *datei-neu*** **cat** > *neu* Dies ist eine neue Datei <Ctrl+d> Unter DOS: **type**	*con**cat**enate – zusammenfügen* Zeigt den Inhalt von Dateien. Mehrere Dateien können in **eine** Datei umgeleitet werden. Mit cat kann auch eine neue Datei angelegt werden (Standardeingabe ist das Terminal; Abschluß mit der Tastenkombination Ctrl+d).

Kommandoeingabe	Funktion
cd [*Verzeichnis*]	*change directory*
	Wechsel in das HOME- oder angegebene Verzeichnis.
cd	Ohne Angabe kehrt man immer ins
Beispiele:	Home-Verzeichnis zurück.
cd ..	Wechselt in ein Verzeichnis nach oben.
	Wechselt in das Home-Verzeichnis von
cd */usr/kurs/hans*	hans.
cd *~/hans*	→ Kürzel für Verzeichnisse
Unter DOS: cd	*~/ nicht sh*
chgrp [**-R**] *Gruppenname* \	*change group*
Dateinamen/ Verzeichnis	Ändert die Gruppenzugehörigkeit.
Beispiel:	**-R** *recursive*
chgrp -R kurs \	Die Änderung erfolgt für alle Dateien
/usr/kurs/ben01	und Unterverzeichnisse des angege-
	benen Verzeichnisses.
chmod [**-R**] *Art*	*change modus*
Dateinamen/ Verzeichnis	Ändert die Zugriffsrechte.
	Art: symbolisch oder über Oktalzahl
	-R *recursive*
	Änderung erfolgt für alle Dateien/Un-
	terverzeichnisse.
für wen wie was	Ändert die Zugriffsrechte mit
▼ ▼ ▼	symbolischer Angabe.
chmod ugo $\stackrel{+}{=}$ **rwx** *Datei-*	*u*ser der Dateibesitzer
namen/ Verzeichnis	*g*roup die gleiche Gruppe
	*o*ther alle anderen
	+ hinzufügen
	- wegnehmen
	= absolut setzen
	read Leseerlaubnis
	write Schreiberlaubnis
	execute ausführbar

24

Kommandoeingabe	Funktion
chmod *Oktalzahl* *Dateinamen/Verzeichnis*	Ändert die Zugriffsrechte mit Oktalzahl.

Errechnung der Oktalzahl:

r	read	4
w	write	2
x	executable	1

Besitzer	**Gruppe**	**Andere**
r w x	r - x	- - -
4+ 2+ 1	4+ 0+ 1	0+ 0+ 0
=**7**	=**5**	=**0**

Beispiel: **chmod 750 *ben01***	Das Verzeichnis erhält die Zugriffs-rechte: rwxr-x---
chmod [ug]+s Datei **chmod 4000* für SUID...** **chmod 2000* für GUID**	Setzt Sonderrechte. Der Benutzer er-hält die Rechte des ***users*** (SUID) bzw. der ***group*** (GUID)
chmod +t *Verzeichnis* **chmod 1000*** *Verzeichnis* *** statt 000 die Oktalzahl**	Stickybit. Datei oder Unterverzeichni-see dürfen nur vom Besitzer gelöscht werden.
chown [-Rcv] *Benutzer * *Dateinamen/Verzeichnis*	*change owner.* Ändert den Besitzer (evtl nur für root) **-R** *recursive* Die Änderung erfolgt für alle Dateien/Un-terverzeichnis. **-c** *(change)* zeigt nur an, wenn Ände-rungen durchgeführt wurden **-v** *(verbose)* zeigt alle Aktionen an
chpass [-e *Datum]* **[-s** *shell]* **** *[Benutzer]*	*(change passwd)* Ändert Eigenschaf-ten vom Passwort. Ohne Angabe eines Benutzers wird der aktuelle Benutzer geändert. **-e** (expire time) Ablaufdatum **-s** *(shell)* neues Startkommando/neue Startshell

Kommandoeingabe	Funktion

chsh *Benutzer*
Beispiel:
chsh uta
`Login Shell[/bin/bash]:`
bin/sh
`Shell geändert`
	change shell Ändert die Login-Shell eines Benutzers.
	Ändere Login-Shell für uta :
	Geben Sie den neuen Wert ein, oder drücken Sie ENTER

clear Unter DOS: **cls**	Löscht den aktuellen Bildschirminhalt.
cmp *Beispiel:* **cmp** *text1 text2* Unter DOS: **comp, fc**	*compare, vergleichen* Vergleicht Dateiinhalte. Bei Ungleichheit werden die unterschiedlichen Zeilen angezeigt. → **diff**
compress *Dateiname(n)* *Beispiel:* **compress** *tarsicherung*	*verdichten* Verdichtet/Komprimiert Dateien. Der Dateiname wird mit **.Z** erweitert. Datei wieder dekomprimieren → uncompress → gzip
continue	*fortfahren* Überspringt den Rest der Schleife, um mit dem nächsten Schleifenwert fortzufahren.
cp [-**i**]*Dateialt Dateineu* **cp** [-**i**]*Datei1 Datei2 ... Verzeichnis* **cp** [-**ir**]*Verzeichnis Verzeichnis* Unter DOS: **copy, xcopy**	*copy* Kopiert eine Datei oder kopiert eine oder mehrere Datei(en) in ein anderes Verzeichnis. -**i** *interactive* Falls eine Datei mit gleichem Namen schon existiert, wird nachgefragt, ob sie überschrieben werden darf. -**r** *recursive* Der gesamte Dateibaum wird kopiert.

Kommandoeingabe	Funktion
Ausgabe Dateiliste | **cpio** \ **-p**[**dmuv**] *Zielverzeichnis*	*copy input output* **-p** *pass – weiterreichen* Kopiert Dateien in ein anderes Ver-zeichnis. Über eine Dateiliste, z.B. mit find . -print werden die zu kopierenden Dateien über-geben. **-d** *directory* Unterverzeichnis werden angelegt, falls sie noch nicht vorhanden sind. **-m** *modification date* Die kopierte Datei erhält das Datum der Originaldatei. **-u** *unconditional* Die kopierte Datei überschreibt evtl. schon vorhandene Dateien. Dateien werden sonst nur dann überschrieben, wenn deren Modifikationsdatum älter ist.
Beispiel: **cd** */usr/kurs/hans* **find** . **-print**| **cpio -pvmd** \ */tmp/Sicherung/hans* Unter DOS: copy, xcopy	**-v** *verbose – geschwätzig* Alle ausgeführten Kopien werden ange-zeigt. Alle Dateien des aktuellen Verzeichnis-ses werden mit gleichem Namen in das Verzeichnis /tmp/Sicherung/hans kopiert.

Kommandoeingabe	Funktion
Ausgabe *Dateiliste* | **cpio-o[vB]> ** <small>*Geräte- oder Archivdatei*</small>	*copy input output – Ausgabe* Kopiert Dateien auf einen Datenträger oder in eine Archivdatei. **Achtung:** Ausgabe-Umleitungszeichen > angegeben! **-o** *output* Kopiert die als Dateiliste übergebenen Dateien und Unterverzeichnisse auf das Gerät oder in die Archivdatei.
Beispiel: **find . -print | cpio -ovB > /dev/mt0** <small>Unter DOS: **xcopy**</small>	**-v** *verbose – geschwätzig* Alle ausgeführten Kopien werden angezeigt. **-B** *block* Blockungsfaktor für Magnetband/Streamer.
cpio -i[dmuv][*Dateien*]\\ < *Gerät- oder Archivdatei*	copy input output – Einlesen Liest Dateien aus einem mit cpio erstellten Datenarchiv (Datei oder Datenträger) zurück. **Achtung!** Eingabe-Umleitungszeichen < angeben! **-i** *input* Einlesen/Zurückschreiben **-d** *directory* Unterverzeichnis werden angelegt, falls sie noch nicht vorhanden sind. **-m** *modification date* Die kopierte Datei erhält das Datum der Originaldatei. **-u** *unconditional* *Die kopierte Datei überschreibt evtl. schon vorhandene Dateien, sonst werden Dateien nur dann überschrieben, wenn das Modifikationsdatum älter ist.* **-v** *verbose – geschwätzig* Alle ausgeführten Kopien werden
<small>Unter DOS: **xcopy**</small>	angezeigt.

Kommandoeingabe	Funktion
crontab [-elr] [*Datei*]	Erstellen von Befehlen für eine zeit-gesteuerte Ausführung bzw. Über-gabe einer im *crontab*-Format erstellten Datei an den crond-Daemon bei Angabe einer Datei.

-e (*edit*) erstellt, ändert die vom Benutzer erstellte Tabelle (unter /var/spool/cron/tabs).

Beispiel:

**45 17 * * 1,2 **
**DISPLAY=:0.0 **
/opt/kde3/bin/kpat

-l (*list*) zeigt die bestehenden Tabellen an.

-r *(remove)* löscht eine crontab-Tabelle.

Die obige Angabe bewirkt, dass jeweils um 17:45 das Spiel Patiencen gestartet wird und zwar an allen Tagen, jeden Monat, jeweils montags und dienstags

Aufbau der Zeitvorgaben von crontab-Tabellen:

Min	Stunde	Tag	Monat	W-tag
0-59	0-23	1-31	1-12	0-7

Mögliche Kombinationen:

**0 18 * * 1,2 **
**/usr/bin/killall -ce **
/opt/kde3/bin/kpat

*	für alle Einheiten
1-3	von bis
1,5,6	Reihung jeweils 1, 5 und 6
-*3	alle 3 Einheiten (z.B. alle 3 Minuten)

Diese Zeile beendet jeweils um 18:00 das vorher gestartete Spiel.

Alle fünf Felder müssen durch Leerzeichen getrennt sein, anschließend folgt die Kom-mandoeingabe mit absolutem Pfadnamen.

csh	Ruft die **C-Sh**ell auf.

Die Datei .cshrc im Home-Verzeichnis des Benutzers wird dabei gelesen.

Unter DOS: **kom**

Unter DOS: **command.com**   Ruft die Kommand-Zeileneingabe auf

Kommandoeingabe	Funktion

csplit [**-f** prefix] *Datei* \ [*/Muster/*] [*Zahl*] [{*Wiederholung*}]
 	
`csplit Inhaltsliste`
`/^Ver/ \`
`{*}`
`43`
`37`
`36`
`20`
`51`
erstellt immer eine neue xx-Datei, sobald eine Zeile mit ›*Ver*‹ *beginnt. Es wird die Byte-Größe der neuen Dateien ausgegeben*
cat xx* > Inhaltsliste.neu
	Zerteilt eine Datei in mehrere einzelne Dateien. Die Ausgabedateien werden mit xx und fortlaufend 2 Ziffern (xx01, xx02 etc.) benannt. Als Trennungsmerkmal kann ein Muster mit regulären Expressions vorgegeben werden, oder eine Zahl, die angibt, nach wieviel Zeilen getrennt werden soll. Zusätzlich kann ein Wiederholungsfaktor in Ziffern oder mit * (für solange wie möglich) angegeben werden. →**split**
	-f *(file name)* verwendet den prefix-Namen statt xx
	{*} Die Suche nach dem Muster wird wiederholt
	{*n*} Die Suche wird *n*-mal wiederholt
	
	Mit →**cat** können alle Dateien wieder zusammengesetzt werden

cut [**-d***Zeichen* **-f***Feldnr* **-c***Zeichenposition*] *Beispiel:* **cut -d: -f1,5-6** \ **/etc/passwd**	*schneiden* **Schneidet/separiert Felder aus Dateien oder Zeichenketten.** **-d** d*elimiter* Das Trennungszeichen (Default ist das Tabulatorzeichen). **-f** *field* - Feldnummer **-c** *character* Zeichenposition Gibt über Bildschirm die Felder 1, 5 und 6 aus: Name, Kommentar und Home-Verzeichnis.

Kommandoeingabe	Funktion
date [+**"Formatangaben"**]	Zeigt das Datum und Zeit an (nur vom Systemadministrator kann es auch geändert werden).
Beispiel:	
date +"%d.%m. %y"	+ Kennzeichen für Formatierung:
	Hierbei steht
	%y für Jahr YY
	%m für Monat MM
	%b für abgek. Monat (Jan.)
	%d für Tag TT
	%A Wochentag
	%a für abgek. Wochentag (Mo.)
	weitere Platzhalter:
	%H – **hour** 00 – 23
	%M – **minute** 00 – 59
	%S – **second** 00 – 59
	%T – **time** HH:MM:SS
Unter DOS: date/time	%w – **day of week** (Sunday =0)
declare *Name=Wert*	Zuweisung einer Variablen
	unter bash. → **typeset**
	→ Arbeiten mit Variablen
dd if=*Dateiname*	*device to device*
of=*Gerätename* \	Kopiert Dateien, Dateibereiche oder
Option=*Wert*	gesamte Platten 1:1.
Beispiel:	Beispiel: Ausgabe von *tar* über Netz
tar -cvf - . | **rsh** *Rechner* \	auf einen Streamer an einen entfern-
dd of=/dev/rmt/0 bs=64K	ten Rechner.
	bs *block size Wert*
	(in diesem Beispiel) 64 kB
	bs und bytes können folgende Endungen haben:
	b 512 , **kB** 1000, **K** 1024,
	MB 1000x1000, **M** 1024x1024,
	GB 1000x1000x1000, **G** 1024x1024x1024

Kommandoeingabe	Funktion
df [-**k**] [-**h**] [-**T**]	*(disk free)* Zeigt die verfügbare Plattenkapazität in 512-Byte-Blöcken für alle montierten Plattenbereiche an -**k** *(kilo)* zeigt die Kapazität in 1 KB-Blöcken an -**h** *(human)* gibt lesbare Werte wie kB oder MB aus -**T** *(type)* informiert über den Typ des Dateisystems

diff *Datei1 Datei2*
`diff text1 text2`
`1c1,2`
`< 1. Datei erste Zeile`
`---`
`> 2. Datei erste Zeile`
`> zweite Zeile`
	Vergleicht Dateien miteinander. Die Ausgabe zeigt die unterschiedlichen Zeilen an:
	
	Inhalt Datei1 Inhalt Datei2
	`1. Datei erste Zeile`
	`2. Datei erste Zeile`
	`Ende`
	`zweite Zeile`
	
	`Ende`
	
	→ **cmp**

disable *Drucker*	Deaktiviert die angegebenen Drucker unter CUPS
du [-**s**][-**h**][*Verzeichnis*]	*disk used* Zeigt den verbrauchten Plattenplatz. -**s** *sum* Zeigt nur jeweils die Summe der Verzeichnisse in 512-Byte-Blöcken an. -**h** *humnan* – Gibt lesbare Werte, wie kB oder MB aus. (*nur Linux*)
dump	Führt eine dateisystemspezifische Totalsicherung oder inkrementelle Sicherung für Dateisysteme vom Typ **ext2** oder **ext3** durch.

Kommandoeingabe	Funktion
echo [*Text Text*] (unter einigen Unix- Derivaten auch **print**) *Beispiele:* **echo "Soll die Datei gelöscht werden?"** **echo $PATH** **Steuerzeichen im Text:** Unter DOS: echo	Gibt Zeichenketten auf den Bildschirm aus. **-n** *no newline* Die Ausgabe erfolgt in derselben Zeile. Gibt in einer Shell-Prozedur die Nachricht über Bildschirm aus. Zeigt den Wert einer Variablen \a *alert* Klingelzeichen \c Cursor in gleicher Zeile \n neue Zeile \t Tabulator
ed *Dateiname* Unter DOS: edlin	*editor* Zeilenorientierter Editor. Auch für Shell-Skripts geeignet. → **Editor**
emacs *Dateiname*	*editor* Bildschirmorientierter Editor. Ähnlich wie der vi. → **Editor**
enable [s] *Drucker*	Aktiviert einen Drucker für weitere Ausgaben.
env	*environment* Zeigt die gesetzten Variablen an, die auch für Unterprozesse gelten (exportiert sind). → **printenv** (bash)
ethereal → **wireshark**	Analyseprogramm für Netzwerk-protokolle – neuer Name wireshark (muss nachinstalliert werden).
exit [*Status*] Unter DOS: exit	*Ausgang* Bricht eine Shell-Prozedur ab bzw. beendet die aktuelle Shell.
expand	Expandiert Tabulatorzeichen in Leerzeichen.

Kommandoeingabe	Funktion
export *Variable(n)*	*export*ieren
	Die Variablen gelten dann auch für Unterprogramme.
	→ **Variable**
expr *Wert1 Symbol Wert2*	*expr*ession
	Rechenoperationen:
+	addieren
-	subtrahieren
*	multiplizieren
/	dividieren
%	modulo (Restwert)
expr 10 + 3 * 2	Beispiel einer Rechenoperation
16	Ergebnis
false	*falsch, unwahr*
	Der Exit-Status dieses Kommandos ist immer unwahr (ungleich 0).
fc [-**l** *n*][-**e** -]	*fix command* **nicht sh**
	Wiederholt bereits eingegebene Kommandos/Befehle oder zeigt sie an (History-Mechanismus).
statt **fc -l**	-**l** *list* – bzw. **history** zeigt die letzten 10 bzw. *n* Kommandos.
gibt es ein Alias **history**	
	-**e** *edit* – bzw. **r** *repeat*
statt **fc -e -**	*(unter* **csh** *nur* **!**) **nicht bash**
gibt es ein Alias r	Wiederholt den letzten Befehl.
r	Wiederholt den *n*-letzten
r *-n*	Befehl.
	Wiederholt den *n*-ten Befehl.
r *n*	Wiederholt den letzten Befehl, in dem
r *name*	"name" enthalten ist.
fdisk[s] -**l**	Zeigt die vorhandenen Partitionen auf den Festplatten.

Kommandoeingabe	Funktion
fg %Jobnummer	*foreground* **nicht sh**
	Der Job läuft als Vordergrundprozess weiter.
	Gilt nur für Hintergrund- oder gestoppte Prozesse.
	→ **bg** → **kill -SIGSTOP**
file [-i] *Dateiname(n)*	*Datei*
Beispiel:	Versucht den Inhalt oder die Art einer
file *	Datei zu bestimmen.
text1: ASCII text	**-i** gibt die MIME-Strings *(Multipurpo-*
Documents: directory	*se Internet Mail Extension)* aus z.B.
grouptest: empty	
Stichw.pdf: PDF document,	print.ps: application/postscript
version 1.2	printenvtext: text/plain; charset=us-ascii
file-roller	file-roller ist ein Archivmanager für GNOME, der folgende Aufgaben erfüllt:
	Archive erzeugen und modifizieren
	Inhalt eines Archivs betrachten
	Dateien aus dem Archiv ansehen
	Dateien aus dem Archiv extrahieren
	Folgende Dateitypen werden u.a. unterstützt: gzip (.tar.gz , .tgz), bzip (.tar.bz, .tbz), bzip2 (.tar.bz2 , .tbz2), compress (.tar.Z , .taz)

Kommandoeingabe	Funktion
find *Start Suchkriterien* \ *[Ausgabeart]*	*finden* Sucht (findet) Dateien in Dateibäumen nach unterschiedlichen Suchkriterien. Es muss ein **Start-Verzeichnis** angegeben werden (aktuelles Verzeichnis mit **.** angeben) Die Ausgabe muss bei den älteren Systemen noch mit **-print** angegeben werden.
Beispiel: **find . -print**	Es wird eine Liste aller Dateien **rekursiv** durch alle Unterverzeichnis mit **relativem Pfadnamen** ausgegeben.
Suchkriterien: -name *Dateiname* *Beispiel:* **find . -name "*.tar"**	Nach bestimmten **Namen** suchen (Metazeichen (*?[ ]) mit Anführungszeichen eingeben).
-type [d f]	Nach Dateiart: **d** *directory*, **f** Datei (*file*)
mtime *n*	Modifikationsdatum: vor genau *n* Tagen,
-mtime *-n*	innerhalb von *n* Tagen,
-mtime *+n*	vor *n* Tagen und früher,
-newer *Datei*	neuer als die angegebene Datei,
-inum *inode-Nr*	mit der angegebenen inode-Nummer,
-mount	nur auf der aktuellen (montierten) Plattenpartition,
-user Benutzername	Dateien des angegebenen Benutzers.

Fortsetzung nächste Seite

Kommandoeingabe	Funktion
find Fortsetzung	Suchkriterien:
Ausgabe:	Dateien werden mit Pfadnamen ange-
--print	zeigt (Angabe nur bei älteren Syste-
	men notwendig) – unter Linux nicht
	notwendig
-exec Kommando {} \;	Das Kommando wird mit jeder gefun-
	denen Datei durchgeführt.
-ls	die gefundenen Dateien werden mit
	allen Attributen
	(wiie ls -li) angezeigt.
Logische Kombinationen:	Suchkriterien können logisch verbun-
	den werden mit:
-a	**und**-Verknüpfung,
-o	**oder**-Verknüpfung.
Weitere Beispiele:	

---

find . \(-name "a*" -a -user hans **\) -exec head {} \;**

Sucht nach Dateien, die mit a beginnen
und "hans" gehören. Von den gefundenen
Dateien werden die ersten 10 Zeilen ange-
zeigt.

find /home \(-name core -o -name "*.tmp" \) -exec rm {} \;

Sucht ab /home alle core-Dateien
und/oder Dateien, die mit .tmp enden. Die
gefundenen Dateien werden gelöscht.

---

findsmb	Zeigt alle Rechner an, die auf smb-An-
	fragen antworten (im Samba-Paket).
finger [Benutzer@Rechner]	Zeigt Benutzerinformation netzwerk-
	weit an
	mit Namen@Rechner,
	Terminal und Anmeldezeit.
fold	Setzt Zeilenumbrüche ein, um die Zei-
	len an die Zeilenbreite anzupassen
	(Standard 80).
for ...	Leitet eine Schleife ein.
do; done	→ Konstrukte der Shell

Kommandoeingabe	Funktion
free	Zeigt den freien und belegten Speicher im System.

```
            total      used      free   shared   buffers    cached
Mem:      1911788   1328584    583204        0     91596    909820
-/+ buff/cache:      327168   1584620
Swap:     2104476         0   2104476
```

Kommandoeingabe	Funktion
fsck[s] **fsck.ext2** **fsck.ext3** **reiserfsck** **fsck.vfat** *Beispiel:* fsck /dev/sdb2 **fsck.ext4 [-pnyfv]** *Platte*	*(filecheck)* Konsistenzprüfung des Dateisystems – in unterschiedlichen Varianten für die verschiedenen Dateisystemarten. Wird keine spezifische Angabe gemacht, versucht fsck die Art des Dateisystems zu erkennen und führt danach die entsprechende Konsistenzprüfung durch. **-p** automatische Reparatur (keine Fragen) **-n** keine Veränderungen nur Überprüfung **-y** mit " Ja " alle Fragen automatisch beantworten **-c** suche nach defekten Blöcken **-f** erzwinge die Überprüfung auch wenn alles i.O. erscheint **-v** Anzeige der Aktionen

Kommandoeingabe	Funktion
ftp *Rechner*	*file transfer protocol*
connected to ...	Kopiert Dateien von/auf entfernte
login: **Benutzername**	Rechner.
Password required for : **xxxx**	Rechnername des entfernten Rech-
Auswahl der meistbenötigten	ners sowie ein dort gültiger Benutzer-
Kommandos innerhalb von	name und Passwort müssen
ftp**:**	angegeben werden. (Sicherer ist: —▸
	sftp)
cd	*change directory* – Wechselt in das Ver-
	zeichnis auf dem entfernten Rechner.
pwd	*print working directory* – Zeigt das
	aktuelle Verzeichnis auf dem entfernten
	Rechner.
ls [**dir**]	*list* – Zeigt den Inhalt des aktuellen Ver-
	zeichnis auf dem entfernten Rechner.
get *Dateiname*	***get** – holen, bekommen*
	Kopiert in das aktuelle Verzeichnis des loka-
	len Rechners die Datei des entfernten Rech-
	ners.
mget *Dateiname(n)*	***m**ultiple **get** – mehrfach holen,*
	bekommen
	Kopiert alle angegebenen Dateien (z.B.
	über Dateinamenexpansion) in das aktuel-
	le Verzeichnis des lokalen Rechners.
put *Dateiname*	***put** – abgeben*
	Kopiert die angegebene Datei von Ihrem
	lokalen Rechner in das aktuelle Verzeichnis
	des entfernten Rechners.
	m**ultiple **put
mput *Dateiname(n)*	Kopiert mehrere Dateien (evtl. über Datei-
	namenexpansion) vom lokalen Rechner in
	das aktuelle Verzeichnis des entfernten
	Rechners.
binary	*binary – binär*
	Schaltet in den BinärmodusMit binary wer-
	den z.B. Programme, tar- oder cpio-Archiv-
	Dateien übertragen, die im Binärformat ge-
	speichert sind.

Fortsetzung nächste Seite

Kommandoeingabe	Funktion
ftp: *Fortsetzung*	
ascii	Stellt wieder auf ASCII-Mode um.
delete *Dateiname(n)*	*löschen*
	Soweit die Zugriffsrechte es zulassen, kön-
	nen Dateien auf dem entfernten Rechner
	gelöscht werden.
mkdir	*make directory*
	Legt auf dem entfernten Rechner ein Ver-
	zeichnis an.
lcd *Verzeichnis*	*local chance directory*
	Wechselt auf dem lokalen Rechner das Ver-
	zeichnis.
bye oder **quit**	*Beendet die Verbindung zum anderen*
	Rechner.
function *name* {	*Funktion*
Kommando	Bildet eine Funktion, die ähnlich eines
Kommando ...	Shell-internen Kommandos genutzt
Kommando	werden kann.
}	Die Funktion kann ein oder mehrere
oder	Kommandos enthalten, wobei auch
name ()	Positionsparameter ($1, $2 usw.) ver-
{*Kommando ...*	wendet werden können.
}	Beim Aufruf von *wo* wird der Name der
Beispiel:	Datei mitgegeben, nach der ab aktuel-
function wo {	lem Verzeichnis gesucht wird.
find . -name $1	→ Konstrukte
}	
wo brief1	
functions	Gibt eine Liste der vorhandenen Funk-
(unter bash: **declare -f**)	tionen aus.
	(nicht bash, csh, tcsh)
fuser [-k] *Gerät oder Directory*	Zeigt evtl. Prozessnummern an, die auf
	die angegebenen Geräte oder Ver-
	zeichnisse zugreifen.
	-k bricht die angezeigten Prozesse
	ab (soweit die Berechtigungen es er-
	lauben)

Kommandoeingabe	Funktion
getfacl *Datei* *Beispiel:*	Zeigt die zusätzlichen Zugriffsrechte über ACL an.

```
getfacl Telefonliste
# file: Telefonliste
# owner: juergen
# group: users
user::rw-
user:carsten:r-x
group::r--
mask::r-x
other::r--
```

Kommandoeingabe	Funktion
gpasswd	Ändert das Passwort einer Gruppe
grep [**-hilnvw**] *Muster* *Dateiname(n)*	*get regular expression* Durchsucht Dateiinhalte nach bestimmten Zeichenvorgaben/Suchmustern. Im Muster können Metazeichen *(regular expression)* wie im ed/vi verwendet werden → **Editor** **-h** *header* Der Dateiname wird nicht mit ausgegeben. **-i** *ignore* Behandelt Groß- und Kleinbuchstaben gleich
	-l *line* Nur die Dateinamen werden angezeigt, nicht die Zeilen. **-n** *number* Gibt zusätzlich die Zeilennummer mit aus. **-v** *invert* Gibt alle Zeilen aus, die nicht dem Muster entsprechen.
Beispiel: **grep -v** "^\\." *trofftext* Unter DOS: **find**	**-w** *word* Das Suchmuster muss ein einzelnes Wort sein. Es werden alle Zeilen aus der Datei trofftext angezeigt, die **nicht** mit einem "." beginnen.

Kommandoeingabe	Funktion
groupadd[S]	Gestattet das Hinzufügen einer Benutzergruppe (in */etc/group*).
groupdel[S]	Löscht einen Gruppeneintrag aus */etc/group*.
groupmod[S]	Erlaubt kontrolliert Änderungen in der Datei */etc/group*.
groups	Zeigt die Gruppen an, denen ein Benutzer angehört.
grpck	Prüft die Gruppendateien auf Konsistenz.
gunzip, gzip [-vdlr] *Datei* *Beispiel:* **gzip -v** *Sich.tar*	Komprimierung von Dateien. →ᐧ **compress** →ᐧ **zip,** →ᐧ **gzip** Erstellt die Datei Sich.tar.gz und zeigt die erreichte Komprimierung in % an, z. B. 79,1%. **-c** [**--stdout**] gibt auf Standard-Ausgabe aus und verändert die Original-Dateien nicht **-d** [**--decompress**] dekomprimiert eine Datei (→ᐧ**gunzip**) **-l** [**--list**] zeigt den Inhalt von komprimierten Dateien **-r** [**--recursive**] bearbeitet Verzeichnisse rekursiv →ᐧ **gunzip** →ᐧ **compress** →ᐧ **zip** →ᐧ **zcat**
halt	Anhalten – Ausschalten. →ᐧ shutdown
head [*-n*]*Dateiname(n)*	Zeigt die ersten 10 Zeilen einer Datei an. **-n** *number* Zeigt *n* Zeilen an.
history [*n*]	*Zeigt die letzten 10 bzw. n Kommandos an. (alias zu* →ᐧ *fc -l)*

Kommandoeingabe	Funktion
host *Rechnername oder* *IP-Adresse* ***rechner.domain has address*** ***192.168.0.2***	Zeigt die jeweilige Auflösung der Namen in IP-Adresse oder umgekehrt (entwerder vom DNS-Server des Providers oder über den mit **bind** eingerichteten Nameserver).
hostid	Eindeutige Identifikationsnummer einers Rechners
hostname [-isfd]	Zeigt den Rechnername innerhalb des Netzes an. **-i** Zeigt die IP-Nummer an. (nur Linux) **-s** Zeigt den kurzen Hostnamen. **-f** Zeigt den vollständigen Hostnamen. **-d** Zeigt den Domainnamen (DNS).(nur Linux)
hwinfo `hwinfo --disk --short` `disk:` `  /dev/sda WDC AC34300L` `  /dev/sdb SAMSUNG` `SV1204H`	*(hardware info)* Überprüft die Hardware und gibt eine entsprechende Aufstellung aus. **--short** gibt eine kurze Liste aus **--<*hw-Teil*>** Geprüft werden können: cdrom, floppy, disk, network, gfxcard, framebuffer, monitor, camera, mouse, joystick, keyboard, chipcard, sound, isdn, modem, storage-ctrl, netcard, printer, tv, dvb, scanner, braille, sys, bios, cpu, partition, usb-ctrl, usb, pci, isapnp, ide, scsi, bridge, hub, memory, smp u.a.
id `uid=1000(chr)gid=100(use` `rs) Gruppen=14(uucp),16` `(dialout),17` `(audio),33(video),100` `(users),1001(support)`	Zeigt Informationen über Benutzer mit Benutzer- und Gruppgennummer sowie die Zugehörigkeit aller Gruppen an.

Kommandoeingabe	Funktion
if ...	Leitet eine if-Bedingung ein
then	
else	Mehrere Verschachtelungen sind
fi	möglich. Wird statt else wieder eine
if ...	if-Abfrage gestartet, verwendet man
then	**elif**.
elif	
then	
fi	→ Konstrukte dr Shell
ifconfig	Gibt Kontrollwerte zu den installierten
ifconfig *Schnittstelle [AF-Typ]*	Netzwerkkarten aus (unter Windows:
Optionen | *Adresse* ...	ipconfig) bzw. konfiguriert die ange-
`ifconfig eth0`	gebene Schnittstelle.
`192.168.0.10 netmask`	(Schnittstelle Treiber) Name des Netz-
`255.255.255.0`	gerätes z. B. eth0
	(AF-Typ) Adressfamilie z. B. inet oder
Optionen z. B.	inet6
up	aktivieren der Schnittstelle
down	deaktivieren der Schnittstelle
netmask	setzt die Netzwerkmaske für die IP-
	Adresse
info *Kommando*	Online-Manual im ›info-Format‹.
	Ähnlich der man-pages, oftmals in
	deutsch. Interne Steuerungen möglich
	durch:
	? Hilfefunktionen
	h Tutorial
	<Leertaste> nächste Seite
	q Beenden

Kommandoeingabe	Funktion
integer	*ganze Zahl*
name[=*Rechenoperation*]	Bildet eine Integer-Variable.
(bei bash: **typeset -i**	(alias zu typeset -i) → **typeset**
oder **dedlare -i**)	Bei der Zuweisung und innerhalb der
Beispiel:	Rechenoperation dürfen keine Leer-
integer *zahl=10*	zeichen enthalten sein.
zahl=zahl-1	**Auswirkung**
mögliche Operatoren	
+	Addition
-	Subtraktion
*	Multiplikation
/	Division
%	Modulo → **expr**
init *Runlevel*	Wechsel des Runlevels:
	1 (S) Single-User
	2 Multi-User ohne Netz
	3 Multi-User mit Netz
	4 (frei)
	5 Multi-User mit Netz und grafi-
	scher Oberfläche
	6 (reboot) Neustart
jobs	*Job*control **nicht sh**
	Zeigt vorhandene Jobs an.
	Jobs sind gestoppte Vordergrundpro-
	zesse (**Ctrl+z**) oder Hintergrundprozes-
	se.
	→ **fg** → **bg**
karchiver	Ein kleines Archivierungsprogramm für
	KDE mit dem man durch selbster-
	klärende grafische Tools Archive wie
	.tar.gz oder .tar.bz2 ein- oder auspa-
	cken, konvertieren oder durchsuchen
	kann.
	Weitere unterstützte Formate sind:
	lha-, arj-, rar-, reine gzip-, reine bzip2-
	und zip-Archive

Kommandoeingabe	Funktion
kdesu [**-u** *user*] *Kommando*	Führt unter root bzw. dem angegebenen Benutzer (*user*) das Kommando aus, sofern die Berechtigung hierzu in der Datei */etc/sudoers* von root eingetragen wurde. →**visudo**
kernelversion	Gibt die Version des geladenen Kernel aus.
khelpcenter	Startet das grafische Hilfe-Tool unter KDE.
kill -9 [*PID*][%*Jobnr*]	*kill (töten)*
einige Signale:(Linux)	Bricht einen Prozess ab.
1 HUP (SIGHUP)	Bricht die Terminalverbindung ab. Entspricht Ctrl+c Canceln.
2 INT (SIGINT)	Abbruch mit coredump.
3 QUIT (SIGQUIT)	Absoluter Prozessabbruch.
9 KILL (SIGKILL)	Stoppt einen Prozess (stop).
17 STOP (SIGSTOP)	Stoppt einen Vordergrundprozess
19 TSTP (SIGTSTP)	<Ctrl+z>.
kill -l	Listet alle möglichen Signale auf.
killall [**-live**] [*-Signal*] \ [*Kommandos*]	(*tötet alle*) Ohne Option werden alle Prozesse des Benutzers abgebrochen.
	-Signal Bei killall wird standardmäßig das Signal **-9** gesendet. Um ein anderes Signal zu senden, kann man hier, wie bei kill, die Signalnummer oder den Signalnamen eingeben
	-l listet die möglichen Signalnummern auf (wie bei kill)
	-i (*interactive*) Erst durch die Bestätigung wird der Prozess beendet
	-v zeigt die beendeten Prozesse an
	-e (*exact*) Prozesse mit Namen länger als 15 Zeichen werden nicht abgebrochen, selbst wenn die ersten 15 Zeichen übereinstimmen.

Kommandoeingabe	Funktion
ksh	*Korn-Shell*
	Startet eine Korn-Shell
	Hierbei wird die Datei **$HOME/.kshrc** gelesen, wenn die Variable **ENV** entsprechend gesetzt ist.
Unter DOS: command.com	→ **alias** → **Wichtige Dateien** → **Variable**
last	Zeigt eine Liste der zuletzt angemeldeten Benutzer.
less [LX]	*weniger (**less** is more)*
	Zeigt den Inhalt von Dateien seitenweise an.
	Verbesserte Variante von more unter Linux. → **more**
ln [-s] *Originaldatei Linkname*	*link*
ln -s *Orginalverzeichnis LinkDirectory*	Vergibt Dateien zusätzliche Namen (hard Link) bzw. verweist auf eine andere Datei oder ein anderes Verzeichnis (symbolischer Link).
	Der Hardlink (ohne -s) kann nur auf Dateien innerhalb des gleichen Dateisystems erfolgen. Er verweist auf den gleichen Dateninhalt (gleiche I-Node-Nr.).
	-s symbolic link
	Das Link-Verzeichnis soll mit vollem Pfadnamen eingetragen werden. Der symbolische Link wird als eigener Dateityp mit **l** (klein L – link) gekennzeichnet.
logname	gibt den Login-Namen des Benutzers aus
logout *ebenso* **exit** *oder* **<Ctrl+d>**	Beendet eine Shell.

Kommandoeingabe	Funktion
lp * [-d*Druckername*] *Dateiname* Unter DOS: print	*line printer* Erstellt einen Druckauftrag. *-d destination* Mit -d"Drucker" kann ein Zieldrucker bzw. eine Druckerqueue angegeben werden, soweit mehrere Queues eingerichtet wurden. → **lpstat** → **cancel**
lppasswd	Setzt ein Passwort für die CUPS-Verwaltung.
lpq *	*line printer queue* Zeigt die Queue der mit lpr gestarteten Druckaufträge an (analog lpstat für lp-Aufträge). → **lpr**
lpr * Unter DOS: print	*line printer* Erstellt einen Druckauftrag für den lpq-Spooler. → **lpq** → **lprm**
lprm* *Auftrag-Nr.*	*line printer remove* Löscht mit lpr gestartete Druckaufträge. → **cancel**

* *Unter dem CUPS-Drucksystem haben lp und lpr die gleiche Auswirkung und können mit beiden Kommandoserien gesteuert werden.*

lpstat [-t]	*line printer status* Zeigt alle gestarteten Druckaufträge (lp) und deren Status an (analog **lpq** für **lpr**). → **lp** → **cancel**

Kommandoeingabe	Funktion
ls [-abdFilRst]	*list*
	Zeigt den Inhalt von Verzeichnis und Attribute von Dateien.
	-a *all* Auch die mit Punkt beginnenden Dateien (versteckte Dateien wie .profile ...) werden angezeigt.
	-b *binary* Zeigt auch nicht darstellbare Zeichen in Dateinamen am Bildschirm an.
	-d *directory* Zeigt nur die Eigenschaften eines Verzeichnis nicht seinen Inhalt an.
	-F *Format short* Verzeichnisse sind mit ›/‹ gekennzeichnet, *ausführbare Kommandos/Programme mit* ›*‹, *symbolische Links mit* ›@‹.
	-i *inode* Die Adresse (inodeNummer) wird angezeigt.
	-l *long format* Anzeige mit Attributen.
	-R *recursive* Der Dateibaum mit sämtlichen Unterverzeichnisse wird angezeigt.
	-s *size* Es werden zusätzlich die benötigten Blöcke à 512 Bytes angezeigt.
Unter DOS: dir, tree	**-t** *time* Die Liste wird chronologisch sortiert ausgegeben.
lsmod	Zeigt den Status der Linux Kernel Module.
mail	*Post versenden*
[*benutzer[@rechner]* *benutzer...*]	Verschickt an einen oder mehrere Benutzer Post (mail). *(elektronische Post – e-mail)*
Subject:	Vorgesehen für den Betreff, der in den Headerzeilen erscheint.
Eingabe der Nachricht direkt über Tastatur – beenden mit **<Ctrl+d>** **~r** *dateiname* **~v**	Statt direkter Texteingabe kann mit **~r** (*read*) der Text aus der angegebenen Datei übernommen werden. Mit **~v** (*vi*) wird zur Texteingabe der vi-Editor verwendet.
Cc:	Hier können weitere Empfänger oder der eigene Namen als Sicherungskopie eingetragen werden.

Kommandoeingabe	Funktion
mail	*Post erhalten*
Befehle innerhalb von mail:	Ohne Angabe von Argumenten wird die eingegangene Post angezeigt oder ›*no mail* ‹.
d	**?** als Eingabe zeigt die möglichen Befehle innerhalb von mail.
h	Auswahl:
	delete Löscht die aktuelle Nachricht.
	header Zeigt eine Liste aller eingegangener Mail mit Subject, Datum und Größe.
r	*reply* Erstellt eine Antwort an den Absender.
m *benutzer*	*mail* Leitet die Nachricht an den angegebenen Benutzer weiter.
s *dateiname*	*save* Sichert die Nachricht mit Kopfzeilen in die angegebene Datei.
w *dateiname*	*write* Schreibt die Nachricht ohne Kopfzeilen in die angegebene Datei.
	Sollen eingegangene Mails sofort gemeldet werden, kann in der .profile-Datei → **biff y** eingetragen werden (nur bei ASCII-Eingabe, nicht für die grafische Oberfläche).
	→ **Wichtige Dateien,** .mailrc
man [*Kapitel-Nr*] **Kommando**	*manual*
	Gibt eine Beschreibung des angegebenen Kommandos in Verbindung mit
Unter DOS: befehl /?	→ **more** aus.
man -k *Thema*	*manual keyword*
	Gibt eine Liste von Kommandos aus, die mit dem Thema zu tun haben.
mcopy	*DOS-Befehle unter Linux*
mdir	*unter Unix:*
	dosread, doswrite, dosdir

Kommandoeingabe	Funktion
mesg [y][n]	*message* Verhindert oder erlaubt Mitteilungen von anderen Benutzern mit **write** (Schreibrecht für Terminal). **n** keine Schreiberlaubnis (*no*) **y** wieder freigeben (*yes*) Ohne Angabe wird der jeweilige Berechtigungszustand angezeigt: ›*is yes* ‹– › *is no* ‹.
mformat	Formatiert eine DOS-Floppy

mkdir [-p] *Verzeichnisname(n)*
 	
 Beispiel:
 `cd /home`
 `mkdir -p ben01/Uebung`
	(*make directory*) Legt Directories neu an.
	 -p (*pass*) noch nicht vorhandene Unter-Directories werden mit angelegt
	 Soweit noch nicht vorhanden, werden folgende Directories angelegt:
	 `/home/ben01`
	 `/home/ben01/Uebung`

mkfifo ˢ *name*	(*make first in first out file*) Legt eine Fifo-Datei (*named pipe*) an, die ähnliche Funktionen hat wie der Pipemechnanismus unter der Shell. Ein Kommando schreibt eine Information in die Fifo-Datei, das andere liest die hinterlegte Information.
mkfs ˢ **mkfs.ext2** ˢ **mkfs.reiserfs** ˢ **mkfs.jfs** ˢ **mkfs.msdos** ˢ	Legt eine neues Dateisystem auf einem Datenträger an. Für die unterschiedlichen Dateisysteme gibt es dazu dateisystemspezifische Versionen. In der Regel werden diese Arbeiten über das grafische Tool YaST durchgeführt: **YaST** → **System** → **Partitionieren**

Kommandoeingabe	Funktion
mknod[S]	Erstellt einen neuen Geräteeintrag. In der Regel werden Geräte automatisch durch die Hardware-Erkennung angelegt, bzw. zugeordnet.
more *datei(en)*	*mehr* Zeigt den Inhalt von Dateien seitenweise an.
h	**h** *help* **Z**eigt die möglichen Kommandos, u.a.:
/Muster	Sucht vorwärts nach Muster.
?Muster	Sucht rückwärts nach Muster.
<Leertaste>	Zeigt die nächste Seite an.
q	*quit* Beendet more
Unter DOS: more	→ **pg** → **less**
mount */dev/Gerät* \ *Verzeichnis mit absolutem Pfadnamen (mount point)* Voreinstellungen und Angaben für das Mounten während des Hochfahrens sind in der **/etc/fstab** eingetragen. Dort wird auch festgehalten, ob ein Benutzer (**user**) das mount-Kommando je Gerät mitnutzen darf. Ist ein Eintrag in diesen Dateien vorhanden, kann mount entweder nur mit Pfadnamen oder nur mit dem Gerätenamen aufgerufen werden.	Montiert Platten/Floppies/CDs etc. Dateisysteme auf dem Gerät werden in den Gesamtdateibaum unter dem angegebenen Verzeichnis eingehängt. Unter OpenSuse Linux wird ab der Version10 für ›entfernbare Datenträger‹ das HAL (**Hardware Abstraction Layer**) benutzt, das die Geräte automatisch unter /media/**Name** einhängt. Zum Entfernen wird auf dem Gerät (unter Arbeitsplatz) ›Sicher entfernen‹über das rechte Mausmenü gewählt. → **umount** → **Wichtige Dateien**
• mt [-rew][-fsf]**n**	*magnet tape* Band-Kontrollfunktionen. **-rew** *rewind* Spult um **n** Datensätze (files) zurück. -fsf **files forward** Spult um **n** Datensätze vor.

Kommandoeingabe	Funktion
mv -i *dateialt dateineu* **mv -i** *datei1 datei2 ... Verzeichnis* Unter DOS: ren (rename)	*move, bewegen* Ändert einen Dateinamen oder verschiebt Dateien in ein anderes Verzeichnis. **-i** *interactive* Eine bereits bestehende Datei wird nur dann überschrieben, wenn dies mit **y** bestätigt wird.
netstat	*(Netz-Status)* Liefert Statusinformationen über das Netzwerk.
newgrp *Gruppenname*	Meldet Benutzer unter einer anderen Gruppe an.
nice -n *Prioritätswert* *Kommando*	Startet ein Kommando mit Prioritätsänderung Der "normale" Benutzer kann Priorität nur verringern, Wert von 0 – 20. Nur die root kann Minuswerte (bis --20) vergeben und damit höhrere Prioritäten. → **renice**
nohup *Kommando* **&** *Beispiel:* **nohup tar -cvzf** /tmp/ *sicherung.tar.gz* /*home* **&**	*no hang up* Der Prozess wird nicht abgebrochen, wenn der Vaterprozess beendet wird. Nohup wird zusammen mit dem Befehl als Hintergrundprozeß aufgerufen.
nmap	Kommando, um den Netztransfer zu kontrollieren (muss nachinstalliert werden).
passwd [*Benutzername*]	Ändert das Passwort. Das Passwort wird nicht angezeigt und sollte mindestens 6 Zeichen enthalten.

Kommandoeingabe	Funktion
pg *Dateiname*	*page*
	Zeigt den Inhalt von Dateien oder einer Ausgabe (Pipe) seitenweise an.
	Ähnlich wie more. → **more**
Unter DOS: **more**	
ping *Rechnername [IP-Num]*	Kontrolliert, ob der angegebene Rechner erreichbar ist.
printenv [LX]	*print environment*
	Unter Linux: Anzeige
	der Variablen. → **env**
pr [-l*n* -o*n* -w*n* -n *Spalten*] \	*(print format)* Ergänzt den Ausdruck
Dateiname(n)	automatisch mit einer Kopfzeile, die Seitennummer und Dateiname enthält.
	Führt eine einfache Formatierung von Dateien für die Druckausgabe durch (z. B. Unterteilung in Druckseiten).
	-l *(length)* Anzahl der Zeilen (Seitenlänge)
	-o (offset) Zeicheneinrückung vom linken Rand (eine Einheit entspricht einem ›m‹)
	-w *width*
	Anzahl der Zeichen pro Zeile (Breite)
	-n *numbering* Die Zeilennummern werden mit ausgedruckt.
	1-9 (Spaltenanzahl) Der Text wird in die angegebene Anzahl Spalten aufgeteilt.
printf *format [Argumente]*	Bereitet die Druckausgabe auf:
	Druckformatangaben wie in der Programmiersprache C.
z. B.	Druckausgabe:
printf \	*30,00 Euro*
"%6,2f Euro\n" 30 150	*150,00 Euro*

Kommandoeingabe	Funktion
ps [-efl][-u *Benutzer*] ps -[axl]	*process status* Anzeige der aktuellen Prozesse **-e** *every* Zeigt alle Prozesse an. **-f** *full* Zeigt volles Format. **-l** *long* Zeigt viele Attribute. **-u** *user* Zeigt die Prozesse des angegebenen Benutzers. Bei einigen Systemen werden unterschiedliche Optionen verlangt so z.B. für **-a** *all* alle Prozesse eines Terminals, **-x** alle Systemprozesse.
pstree	Zeigt die aktuellen Prozesse in Baumstruktur an.
pwck	*password check* Prüft die /etc/passwd auf Richtigkeit.
pwconv^S [-P]	Überprüft und ändert die /etc/shadow Passwortdatei. Falls /etc/shadow noch nicht existiert, wird sie angelegt. **-P** (*path*) Statt /etc wird der angegebene Pfad für das Anlegen oder Ändern der shadow-Datei verwendet.
pwd	*print working directory* Zeigt das aktuelle Verzeichnis mit absolutem Pfadnamen an. → Variable **$PWD (nicht sh)**
quota	Mit diesem Programm kann der Systemverter einzelnen Benutzern und/oder Gruppen Obergrenzen für den Plattenplatzverbrauch und der Anzahl der verbrauchten Dateien vorgeben.

Kommandoeingabe	Funktion
rcp *Datei(en)*[*@Rechner*]\ *Datei(/Verzeichnis)*[*@Rechner*]	*remote copy* Kopiert Dateien von/auf entfernte Rechner, die mit TCP/IP verbunden sind. → **scp.** Etwa gleiche Syntax wie → **cp**
read *var1* [*var2 … varn*] *Beispiel:* **ps -ef | grep *Name* | while \ read user pid rest do kill -9 $ pid done**	*lesen* Liest von der Standardeingabe und weist die gelesenen Zeichen der/den Variable(n) als Wert zu. Werden mehrere Variable angegeben, gilt das Leerzeichen als Trennungszeichen, sonst werden alle Zeichen bis Zeilenende als Wert zugewiesen.
reboot[S]	Fährt das System herunter und startet es danach neu.
reject	Bewirkt, dass der Spooler Aufträge der angegebenen Drucker oder Druckerklassen nicht mehr akzeptiert.
recover	→ **vi, vim**
renice -n *Prioritätswert* \ *PID*	**Verändert den nice-Wert eines laufenden Prozesses.** → **nice**
restore	Spielt ein mit **dump** gesichertes Dateisystem wieder ein. Wie bei **dump** müssen dafür die dateisystemspezifischen Versionen genutzt werden.
rlogin [*-l Login-Name*] *Rechner* stattdessen → **ssh** verwenden	*remote login* Anmelden an einem entfernten Rechner, der mit TCP/IP verbunden ist. Wird die Verbindung hergestellt, muss ein gültiger Benutzername und ein Passwort eingegeben werden. → **telnet** → **ssh**

Kommandoeingabe	Funktion
rm [-**fir**][-]*Dateiname(n)* Unter DOS: del	*remove – löschen* Löscht Dateien *(unwiederbringlich)*. Maßgebend für das Löschen ist die Schreib-berechtigung im betreffenden Verzeichnis. **-f** *forced – verstärkt* Löscht ohne War-nung bei schreibgeschützten Datein. **-i** *interactive* Die Löschung muss mit ›y‹ bestätigt werden. **-r** *recursive* **Vorsicht!** Löscht radikal alle Dateien und evtl. Unterverzeich-nisse. **-** ›*ohne weitere Angabe* ‹ Die nachfolgenden evtl. mit ›-‹ begin-nenden Namen sind keine Optionen (sondern z. B. versehentlich mit ›-‹ be-ginnend angelegte Dateien).
rmdir [-**p**] *Verzeichnis* Unter DOS: rmdir (rd)	*remove* **directory** Löscht Verzeichnisse, die keine Dateien mehr enthalten. -p *path* Versucht auch alle Unterdirec-tories zu löschen, soweit sie leer sind.
route	Zeigt die IP-Routen-Tabelle an.

Kommandoeingabe	Funktion
rpm ^{LX} **[-iUFeq[alvsdcfi]]** \ rpm-Datei [**Suchbegriff**]	RPM installiert oder überprüft Softwarepakete, die als RPM-Pakete aufbereitet sind.
Beispiele:	**-i** *install* installiert das Paket
rpm -qs samba	**-U** *upgrade* aktualisiert ein Paket, falls
package samba is not	es noch nicht existiert, wird es installiert
installed	**-F** *freshen* aktualisiert ein Paket; im
Um eine Liste der dazugehörigen	Gegensatz zu
Dateien zu erhalten:	**-e** *erase* entfernt ein Paket aus dem
rpm -ql samba	System
/etc/init.d/nmb	**-V** *verify* prüft, ob sich einzelne Dateien des Paketes (ausgenommen Dokumentation) gegenüber der Erstinstallation gändert haben
/etc/init.d/smb	
...	
	-q *query* erlaubt eine Reihe von Anfragen an die
	Datenbank und an (auch nichtinstallierte) RPMPakete
	Zusatzoptionen für -q:
	-a *[--**all**]* zeigt alle installierten Pakete
	-l *[--**list**]* zeigt eine Liste der zu einem Paket gehörenden
	Dateien
	-v *verbose* zeigt weitere Dateiattribute analog zum Kommando ls -l
	-s *[--**state**]* zeigt den Status der Paketdateien an. In der Ausgabe bedeutet ›normal‹, dass die Datei installiert ist
	-d *[--**docfiles**]* zeigt die Dokumentationsdateien eines Paketes an
	-c *[--**configfiles**]* zeigt die Konfigurationsdateien eines Paketes
	-f *[--**file**]* zeigt, zu welchem Paket die Datei gehört
	-i *[--**info**]* gibt Informationen zu einem Paket, unter anderem Installationsdatum, Version.

Kommandoeingabe	Funktion
rsh *Rechner*	*remote* **shell** Startet eine Shell auf einem entfernten Rechner. Auf dem entfernten Rechner muss der gleiche Benutzername eingetragen sein. Das Passwort wird abgefragt. → **ssh**
rsync [*Option*]... [*Quelle*] [*Ziel*] *Beispiele:* **rsync -a** *Texte/ /tmp/backup* **ls** */tmp/backup* *text1.txt text2.txt* Nach Veränderung von text1.txt **rsync -avu** *Texte/ /tmp/backup* *building file list ... done* *text1.txt* *wrote 1333 bytes read 40 bytes* *2746.00 bytes/sec* *total size is 2227 speedup is 1.62* Kopieren netzwerkweit: **rsync -a** *Texte/ \ chr@toshili:Texte* Kopieren netzwerkweit verschlüsselt: **rsync -e ssh -a** *Texte/ \ chr@toshili:Texte*	Kopiert und synchronisiert Verzeichnisse auch netzwerkweit. Voraussetzung ist, dass auf beiden Rechnern rsync installiert ist. Bei Kopien übers Netz kann sowohl die Quelle als auch das Ziel am entfernten Rechner sein. Einige Optionen: **-v** [**--verbose**] zeigt die Aktionen an **-a** [**--archive**] erstellt ein Archiv, entspricht den Optionen (-rlptgoD) **-r** [**--recursive**] berücksichtigt auch alle Unterverzeichnisse **-e** [**--rsh=shell**] spezifiziert die remote shell **-R** [**--relative**] verwendet relative Pfadnamen **-u** [**--update**] übernimmt nur veränderte Dateien und überschreibt nicht neuere Dateien **-l** [**--links**] kopiert symbolische Links als solche **-L** [**--copy-links** kopiert bei symbolischen Links die entsprechenden Dateien

Fortsetzung nächste Seite

Kommandoeingabe	Funktion
rsync *Fortsetzung*	**-p** [**--perms**] erhält die Zugriffsrechte
	-A [**--acls**] erhält ACLs
	-o [**--owner**] wird rsync von root ausgeführt, bleibt der ursprüngliche Eigentümer erhalten
	-g [**--group**] wird rsync von root ausgeführt, bleibt die ursprüngliche Gruppe erhalten
	-t [**--times**] erhält die ursprünglichen Zeiten
scp [[*Benutzer1@*]*Host1*:]\ *Datei* [[*Benutzer2@*]*Host2*:]\ [*Datei2*] *Beispiel:* **scp -r carsten@toshili:Texte Textekopie**	*secure copy* Kopiert netzwerkweit Dateien verschlüsselt. Bei Kopien übers Netz kann sowohl die Quelle als auch das Ziel am entfernten Rechner sein. → **sftp**

Kommandoeingabe	Funktion
sed '*script*' *datei* > *dateineu*	**s**tream **ed**itor
sed [-n] -f *script-datei datei* > *dateineu*	Ist ein batch-orientierter Editor. Wird keine Umleitung in eine Datei angegeben, erfolgt die Ausgabe auf den Bildschirm. Unter **script** werden Kommandozeilen (etwa gleiche Syntax wie ed und ex-Modus im vi) in Hochkomma eingegeben.
	-n *no output*
Beispiel:	Bestimmte Zeilen können dann über den p ausgegeben werden.
sed 's/neu/alt/g' text1 \ >text2	-f *file* Angabe einer Skriptdatei mit sed-Befehlen
	-n Such- und Ersetzungsfunktionen können reguläre Ausdrücke verwendet werden.
sed:	Das Script kann auch in einer eigenen
sed 's/Herr/&n/ ' text1 \ >text2	Datei abgelegt sein, die dann mit *-f file* gelesen wird.
	Weiteres Beispiel mit sed
	Von der Datei text1 werden alle Zeichenketten ›alt‹ in ›neu‹ ersetzt und in text2 gespeichert. text1 bleibt unverändert.
	Alle Zeichenfolgen aus der Datei text1 mit ›Herr‹ werden in ›Herrn‹ abgeändert und in text2 gespeichert. (Auch im vi, Ex-Modus anzuwenden.)
	→ **Editor, Metazeichen**

Kommandoeingabe	Funktion
set	*setzen* Zeigt die gesetzten Variablen der aktuellen Shell.
set [-vxn]	Setzen von Shell-Optionen: *-n no execution* Die Kommandos werden nur gelesen und nicht ausgeführt.
	-x execute Zeigt alle ausgeführten Befehle an.
set -	*-v verbose* Zeigt alle Schritte einer Prozedur an.
	Hebt gesetzte Optionen (-vxn) wieder auf.
set -o emacs *oder* **vi**	Setzt zusätzliche Optionen (**ksh, bash**) Der angegebene Editor wird zum Editieren der Befehlszeile verwendet.
noclobber	Bestehende Dateien werden bei einer Ausgabeumleitung nicht überschrieben.
set +o [emacs, ...]	Hebt die zusätzliche Option wieder auf.
Unter DOS: set	→ **Optionen**
set *text* Beispiel: **set $(date)** **echo $4** *13:26:35*	Zerlegt den Text in Worte (entspr. der Leerzeichen) und weist sie den Positionsvariablen zu.

setfacl
Beispiel:
`setfacl m g:marketing:rx`
`\ Telefonliste`
	(set file Access Control Lists) Setzt zusätzliche Zugriffsrechte per ACLs.
	Der Lesezugriff wird für die Datei Telefonliste für die Gruppe marketing ergänzt.

Kommandoeingabe	Funktion
**sftp ** [Benutzername@]Rechnername	*(secure file transport protocol)* Interaktive Kommandos ähnlich wie →**ftp**
Interaktive Kommandos:	einige der häufig benötigten Kommandos:
get Datei	
mget Dateien	**get** *(holt)* eine Datei vom entfernten Rechner
put Datei	
mput Dateien	**mget** *(multiple)* w. o. aber mehrere Dateien
cd Verzeichnis	
	put *(gibt)* eine Datei an den entfernten Rechner ab
lcd Verzeichnis	
	mput *(multiple)* w. o. aber mehrere Dateien
	cd wechselt ins Verzeichnis des entfernten Rechners
	lcd wechselt ins Verzeichnis des lokalen Rechners
sh	**Startet eine Bourne-Shell**
shutdown [-**t** sec] [-**hr**] time	Herunterfahren des Rechners.
	-t Sekunden an Wartezeit, bevor die Warnung an alle angemeldeten Benutzer geschickt wird und der shutdown beginnt.
	-h *(halt)* das System wird nach dem shutdown ausgeschaltet.
	-r *(reboot)* das System wird nach dem shutdown neu gestartet.
	Unter *time* muss entweder die Zeit hh:mm oder das Wort **now** (oder **+0**) oder mit +*m* die Anzahl der Minuten angegeben werden.

Fortsetzung nächste Seite

Kommandoeingabe	Funktion
shutdown [-hr -k -F] ** *Zeitangabe* "*Warnungsnachricht***" *Fortsetzung*	Fährt das System herunter. -h *halt* Das System wird nach dem shutdown ausgeschaltet. -r *reboot* Startet den Rechner neu. **-k** Gibt nur eine Warnung " The system is going down ..." an alle Benutzer (nur auf ttyx) aus, fährt das System aber nicht herrunter. -F *forced* Fährt den Rechner ohne Nachricht schnell herunter, bei einem reboot ohne filecheck. Die Zeitangabe ist zwingend: Entweder **0** [+0] oder **now** oder **+*sec*** oder ***nn*** Minuten bzw. die Uhrzeit mit ***hh:mm***. Warnungshinweise werden an alle Benutzer geschickt, die an Terminals (***ttyx***) arbeiten .
sitar	Erstellt eine druckbare Version aller wichtigen Informationen des Systems (Hardware und Software, Systemdateien etc.) u.U. erst Nachzuinstallieren - bzw. Download übers Internet.
sleep *Sekunden* *Beispiel:* **sleep 180**	*schlafen* Leitet einen Wartezustand ein. Wird in Shell-Prozeduren als Zeitverzögerung verwendet. Der Prozess wartet 3 Minuten.
smbclient	Mit diesem Programm kann auf Windows-Freigaben zugegriffen werden.
smbpasswd [-a] *Benutzername*	Ein notwendiges Kommando unter Samba, um die Passwörter der Samba-Benutzer zusätzlich zum Eintrag in die /etc/passwd in /etc/samba/smbpasswd aufzunehmen, damit von Windows-Seite eine Authentifizierung erfolgen kann.

Kommandoeingabe	Funktion
smbstatus	Zeigt die aktuellen Samba-basierten Verbindungen an.
smbtree	Zeigt alle Freigaben über Samba im Netz an.
sort [**-bfnr**]**-t***Zeichen* \ +*n*[*.y*] *Datei*	*sortieren* Sortiert Dateiinhalte oder Zeichenketten nach verschiedenen Kriterien.
sort [**-bfnr**]**-t***Zeichen* \ +*n* **-z** [*Datei*[	**-b** *blank* Ignoriert führende Leerzeichen. **-f** *fold* Behandelt Groß- und Kleinbuchstaben gleich. **-n** *number* Zahlen werden numerisch sortiert. **-r** *reverse* Es wird in umgekehrter Richtung sortiert. **-t** *Trennzeichen* Wenn nicht das Leer- oder Tabzeichen als Trennung zwischen Spalten dient, wird hiermit das Trennungszeichen vorgegeben.

Beispiel:
Ausschnitt /etc/passwd:
Spaltenzuordnung getrennt durch ›:‹

  0 1 2 3 4...*

ben01:xxxx:101:20:Meier:...
ben02:xxxx:102:20:Huber:...
ben03:xxxx:103:20:Beck:..

sort -t: +4 -4 /etc/passwd

ben03:xxxx:103:20:Beck:..
ben02:xxxx:102:20:Huber:...
ben01:xxxx:101:20:Meier:...

Kriterien für den Sort:

Die Ausgabe erfolgt standardmäßig auf den Bildschirm. Mit der Zusatzoption **-o** *Datei* kann die Ausgabe umgeleitet werden (auch in die Eingabedatei).

+*n* Hiermit wird die zu sortierende Spaltennummer (beginnend ab 0) definiert.

-*n* Nur anzugeben, falls innerhalb der Spalte die Zeichen erst ab einer bestimmten Zeichenanzahl (beginnend ab 0) sortiert werden sollen.

Die Datei /etc/passwd wird nach den ersten 4 Buchstaben im Kommentar (Name) in aufsteigender Reihenfolge sortiert und am Bildschirm angezeigt.

Kommandoeingabe	Funktion
split [-**dl** *n* -**b** *n*] Datei	Zerteilt eine Datei in mehrere einzelne Dateien fester Größe. Die Ausgabedateien werden mit x benannt und einem Suffix nach den Buchstaben des Alphabets durchnummeriert → **csplit**
	-d verwendet für den Suffix Nummern statt Buchstaben
	-l teilt die Dateien nach *n* Zeilen
	-b teilt die Dateien nach *n* bytes
ssh [-*Optionen*] [-**l** *Benutzer@Host*] [*Kommando*]	(*secure shell*) Mit der Shell verschlüsselt auf einem entfernten Rechner arbeiten.
Beispiel:	-l (*login*)
**ssh -l carsten@toshili tar -cf - Texte	tar -xC ~/Textekopie -f -**	-X (*X11*) grafische Oberflächen-Verbindung weiterleiten
ssh [-X] *name@**Rechner*** [***kommando***]	*secure shell* → **rlogin, telnet** Erlaubt mit der Shell verschlüsselt auf einem entfernten Rechner zu arbeiten.
??????	**-X** Ermöglicht X-Window zu nutzen. → **DISPLAY** Seite 108
ssh-keygen -t rsa	Schlüssel generieren Erstellung eines eigenen Schlüsselpaars für ssh
stop %*Jobnummer*	***nicht sh***
unter Bash: **kill -SIGSTOP** %*Jobnummer* oder ***PID***	Stoppt einen Job oder Prozess (bei Vordergrundprozessen: <**Ctrl+z**>).
su [-**l**] [*Benutzername*]	(*switch user*) Temporärer Benutzerwechsel
	-l mit Login-Procedere (Home-Verzeichnis, Umgebungsvariable *.profile, .bashrc etc.)*
	Ohne Benutzernamen erfolgt die Anmeldung für root.

Kommandoeingabe	Funktion
sudo [-l] [-u *Benutzername*] \ *Kommando*	Führt ein Kommando unter der Benutzernummer des Super-Users (root) oder eines explizit angegebenen Benutzers aus.
	Hierzu muss in der /etc/*sudoers* durch root vorab ein entsprechender Eintrag erfolgt sein.
	-l listet die möglichen Kommandos auf (entsprechend dem Eintrag in sudoers)
	-u (*user*) Benutzer, unter dessen Namen das Kommando ausgeführt werden soll
sync	(*synchronisieren*) Noch im Cache gehaltene Dateien werden auf das Dateisystem zurückgeschrieben.
tail [-fn +*n*] *Datei*	Zeigt die letzten Zeilen einer Datei an.
	-n *n*umber Zeigt die letzten *n* Zeilen (ohne Angabe 10) einer Datei an.
	+n Zeigt den Inhalt einer Datei ab Zeile *n* vom Beginn an.
	-f *following* Bei laufender Verarbeitung hinzukommende Zeilen dieser Datei angezeigt.
talk *Benutzername*	Austausch von Mitteilungen
	talk öffnet eine Verbindung bzw. schaltet sich zu einer bestehenden Verbindung dazu. →** write**

Kommandoeingabe	Funktion
tar	*t*ape *ar*chive
tar -c	*c*reate Erstellt ein Archiv.
tar -t	*t*able Zeigt den Inhalt einer Archivdatei.
tar -x	***extract*** Extrahiert Dateien aus einer Archivdatei.
	Im Nachfolgenden ist tar nach den drei Optionen getrennt behandelt.
tar -c[bhrvzjf *Gerät-/Datei-namen*] *Start-Verzeichnis*	*t*ape *ar*chive – *c*reate
	Sichert Dateien auf Magnetband/Streamer oder in eine Archivdatei.
	-b *Block* Gibt einen Blokkungsfaktor an.
	-h *hardlink* Verfolgt alle Links und kopiert die dort aufgefundenen Dateien.
	-r Hängt Dateien an das Ende einer bestehenden Arichivdatei.
	-v *verbose* Zeigt alle kopierten Dateien an.
	-z *gzip* Das Archiv wird mit gzip komprimiert.
	-j *bzip2* Das Archiv wird mit bzip2 komprimiert (noch effektivere Komprimierung als gzip).
	-f *file* Das direkt nachfolgende Wort ist die Bezeichnung für das Gerät oder der Name des Archivs
Beispiel:	
tar -cvf */tmp/Sich.tar* .	Kopiert alle Dateien des aktuellen Verzeichnisses (**.**) in die Archivdatei ***/tmp/Sich.tar***.
	Die Datei ***/tmp/Sich.tar*** wird automatisch neu angelegt bzw. eine bereits vorhandene überschreiben (ohne Option -r).
tar -cvzf */tmp/Sich.tar.gz* .	Wie oben, komprimiert die Datei jedoch gleich mit gzip nach /tmp/Sich.tar.gz.

Kommandoeingabe	Funktion
tar -t[v]f *Gerät-/Dateinamen*	**-t** *table* Es wird nur ein Inhaltsverzeichnis des Archivs ausgegeben.
	-v *verbose* Zeigt zusätzlich alle Attribute der Dateien an.
tar -x[mvzj]f *Gerät-/Datei-namen [Datei(en)]*	*tape archiver*
	-x *extract extrahieren*
	Holt Dateien von einem mit tar erstellten Datenträger oder einer Archivdatei zurück.
	-m *modify* Die zurückgelesenen Dateien erhalten das Originaldatum (nicht das aktuelle Datum).
	-v *verbose* Zeigt alle kopierten Dateien an.
	-z *gzip* Das zuvor mit zip komprimierte Archiv wird mit gunzip dekomprimiert.
	-j bzip2 Das zuvor mit bzip2 komprimierte Archiv wird mit bunzip dekomprimiert.
	-f file Das nachfolgende Wort ist die Bezeichnung für das Gerät oder der Name für die Archivdatei.
Beispiel:	
tar -xvmf */tmp/Sich.tar*	Kopiert aus der Archivdatei die Datei
./text1	./text1 zurück ins aktuelle Verzeichnis.
tee	*T-Stück einer Pipeline*
	Leitet bei Pipe-Mechanismus die Ausgabe zusätzlich in eine Datei um.
Beispiel:	Die Liste aller Dateien wird in die Datei
ls -l | tee *inhalt* | wc -l	*inhalt* geschrieben. Am Bildschirm wird nur die Anzahl der Dateien angezeigt.

Kommandoeingabe	Funktion
telnet *Name@Rechner*	*tele*communication *net*ware
statt **telnet** sollte **ssh** verwendet werden	Anmelden an einem entfernten Rechner.
	Wird die Verbindung hergestellt, muss ein gültiger Benutzername und ein Passwort eingegeben werden.
	Etwa gleich wie → **rlogin.**
	→ **ssh**
test [-fdrwxs] *datei*	*test*en, prüfen
	Prüft Dateien auf Typ, Inhalt oder Zugriffsrechte.
[**-f** *datei*] bzw. erweiterte Form mit:	**test** wird meist in Verbindung mit ›if‹ verwendet.
[[**-f** *datei*]]	Statt des Namens ›**test**‹ verwendet man nur die eckige Klammer [ ], **wobei** hier auf Leerzeichen vor und nach den Klammern geachtet werden muss. Die erweiterte Form mit [[ ]] **wird weiter unten erläutert.**
	Bei den Optionen wird geprüft, ob die angegebene Datei:
weitere Abfragen:	**-f** *file* eine normale Datei ist,
-u *file* auf SUID → **chmod**	**-d** *directory* ein Verzeichnis ist,
-g *file* auf GUID	**-r** *read* Leseerlaubnis hat,
-k *file* auf sticky bit	**-w** *write* Schreiberlaubnis hat,
-L *file* auf symb. Links	**-x** *execute* ausführbar ist,
-b *file* auf named Pipes	**-s** *size* nicht leer ist.
Negation:	Die Negation wird mit einem ! gefolgt von einem **Leerzeichen** abgefragt.
test ! -f *datei*	
test -zn *Zeichenkette*	**Prüft Zeichenketten auf leer/nicht leer.**
[**-zn** *Zeichenkette*]	
[[**-zn** *Zeichenkette*]]	Abfrage auf :
	-z *zero* ›ist leer‹
	-n *not zero* ›Ist nicht leer‹

Kommandoeingabe	Funktion	
test *String-a* = *String-b*	Prüft Zeichenketten auf Gleichheit.	
[*String-a* = *String-b*]	Zwischen den Argumenten und =	
[[*String-a* = *String-b*]]	müssen Leerzeichen stehen	
	Negation, d.h. test ist erfolgreich,	
	wenn die Zeichenketten **nicht gleich**	
Negation:	sind.	
test *String-a* != *String-b*	!= ohne Leerzeichen!	
test *n1* -.. *n2*	Algebraischer Vergleich	
[*n1* -.. *n2*]	*eq*ual	gleich
test *n1* **-eq** *n2* [*n1* **-eq** *n2*]	*not e*qual	nicht gleich
test *n1* **-ne** *n2* [*n1* **-ne** *n2*]	*less t*han	kleiner als
test *n1* **-lt** *n2* [*n1* **-lt** *n2*]	*less e*qual	kleiner gleich
test *n1* **-le** *n2* [*n1* **-le** *n2*]	*g*reater *t*han	größer als
test *n1* **-gt** *n2* [*n1* **-gt** *n2*]	*g*reater *e*qual	größer gleich
test *n1* **-ge** *n2* [*n1* **-ge** *n2*]		
test - *Fortsetzung Beispiele:*	Beispiel mit der älteren Schreibweise:	
Auszug aus einem Skript:	Kombination von test-Kommandos:	
read datei	**-a** *and*	
if test -f $*datei* **-a -w** $*datei*	logische Und-Verknüpfung	
then ...	**-o** *or*	
read antw	logische Oder-Verknüpfung	
if test $*antw* = *ja* **-o** \		
$*antw* = *Ja*		
then ...		
[[**$Antw** = [jJ] |l **yes**]]	Erweiterte Abfrage	
	Hierbei sind Metazeichen erlaubt und	
	Verknüpfungen mit	
	|| für **oder** und **&&** für **und** .	
testparm	Überprüft die Samba-Konfigurations-	
	datei smb.conf.	

Kommandoeingabe	Funktion
top Eingabe nach Aufruf:	Interaktive Anzeige der Top-Prozesse (die die meiste Rechenzeit beanspruchen). Interaktive Aktionen:
h	**h** *help* Anzeige der möglichen Aktionen
u	**u** *user* Auswahl bestimmter Benutzerprozesse
k	**k** *kill* abbrechen nach Eingabe der Prozessnummer PID
r	**r** *renice* neue Zuweisung des *Nice*-Faktors (-20 bis 19)
F	**F** Sortiermöglichkeit über Spaltenangabe
touch *Datei(en)* *Beispiel:* **touch** *neu1 neu2*	*berühren* Aktualisiert das Datum einer Datei bzw. legt sie neu an Legt die Dateien *neu1* und *neu2* an, falls sie bereits vorhanden waren, wird das Datum aktualisiert.
tput [rmso] [smso] [reset]	Schaltet den Hintergrund/Vordergund eines Terminals (Bildschirms) um. **smso** – Setzt den Hintergrund schwarz, die Schrift weiß. **rmso** – Setzt den Hintergrund weiß, die Schrift schwarz. **reset** – Setzt den Standard
traceroute	Kommando, um die Netzwerkverbindungen über Router zu kontrollieren.

Kommandoeingabe	Funktion
trap *"Kommandos"* Signale	Behandelt Signale.
Beispiel:	→ **kill** (Signale)
trap "rm *hilfs.dat***; exit " 2**	Wird z.b. das Signal 2 <Ctrl+c> ge-schickt, wird, bevor der Prozess abge-brochen wird, wird die Datei hilfs.dat gelöscht.
trap "" 1 2 3	Ohne Angabe, d.h. nur mit Anfüh-rungszeichen " ", werden die Signale ignoriert. In diesem Fall kann z.B. nicht mit <Ctrl+c> (Signal 2) abgebrochen werden.
	→ **kill**
true	*wahr*
Beispiel:	Gibt immer den Exit-Status 0 aus, ist
while true	also immer wahr.
do ...	Hiermit können z.b. Endlos-Schleifen
done	gestartet werden.
tty	*terminal type*
	Zeigt den aktuellen Terminalnamen.
typeset [-iulx]	Setzt Variable. *nicht sh*
	-i *integer* (alias in ksh: **integer**) für ganze Zahlen.
	-u *upper case* **nicht bash** Nur Großbuchstaben erlaubt.
	-l *lower case* **nicht bash** Nur Kleinbuchstaben erlaubt.
	-x *export* Die Variable wird gleich exportiert.
	→ **Variable**

Kommandoeingabe	Funktion
typeset -i ** *Name[=Rechenoperation]* *Beispiel:* **typeset -i zahl=10 **zahl=zahl+3*2** **echo $zahl** *16*	*(integer)* Bildet eine Integer-Variable (alias zu typeset -i). →**typeset -i** (entspricht unter ksh integer) Bei der Zuweisung und innerhalb der Rechenoperation dürfen keine Leerzeichen enthalten sein. mögliche Operatoren →**expr** **+** Addition **-** Subtraktion ***** Multiplikation **/** Division **%** Modulo
umask *Wert* *Bespiel* **umask 022**	Maske zur Voreinstellung der Zugriffsrechte bei neuanzulegenden Dateien und Verzeichnissen. Der mitgegebene Wert wird von den Defaultwerten der Bash für Neuanlagen (Verzeichnis 777, Datei 666) abgezogen Ändert die Zugriffsrechte: Verzeichnis Datei von der Defaulteinstellung (777 666 auf 755 644
umount */dev/Geräte-* *namen*	*wieder abmontieren* Hängt montierte Dateisysteme wieder ab. → **mount**
unalias *Kürzel* bzw. nur nachfolgender Alias wird aufgehoben: *Kürzel*	*Löst die Bedeutung eines* *Alias wieder auf.* **nicht sh** Alias wird nur temporär aufgelöst.
uname [-a] Unter DOS: **ver**	**u**nix **n**ame des Rechners Gibt rechnerspezifische Informationen aus. **-a** Zeigt alle Informationen.

Kommandoeingabe	Funktion
uncompress *Datei*[.**Z**]	*dekomprimieren* Eine zuvor mit compress verdichtete Datei wird wieder in den Normal-zustand gebracht. → **zip**
unison [*Optionen*] *oder* unison *Verzeichnis_1 Verzeichnis_2* [*Optionen*] *oder* unison Profil [*Optionen*]	Wie bei **rsync** werden Verzeichnis-bäume und nicht Dateisysteme synchronisiert (unter Verwendung des **rsync**-Protokolls).
uniq	Entfernt doppelte Zeilen in einer sortierten Datei.
unset *Variable*	Hebt den zugewiesenen Wert einer Variable wieder auf.

until ...
  do
  done
	solange nicht ...
	Leitet eine Schleife ein.
	→ Konstruke der Shell

unzip *Datei*.**zip**	Extrahiert und dekomprimiert von mit zip-erstellten Dateien. → **zip** → **unzip**
useradd **-m** [**-u***UID*] [**-g***GID*] \ [**-d***Verzeichnis*] [**-s** *Shell/Startprogramm*] *Benutzername*	Legt einen neuen Benutzer an. Mit **-m** werden das Home-Verzeichnis einge-richtet und sämtliche Dateien und Unterverzeichnisse aus /etc/skel dort-hin kopiert. → **useradd**
userdel[s] *Benutzername(n)*	Löscht Benutzer und (optional) deren Dateien aus dem System.
usermod[s] *Benutzername(n)*	Ändert Benutzereinträge in der Pass-wortdatei.
users	Zeigt die Benutzer aller Shells auf einem Host an.

Kommandoeingabe	Funktion
vcron	*(visual cron)* Grafisches *Tool* für *crontab* und at. Es muss erst nachinstalliert werden und befindet sich dann im Verzeichnis */usr*/X11R6/*bin/vcron*.
vi **vim** *LX* Wurde eine mit vim bearbeitete Datei nicht abgeschlossen (z.B. gekillt), dann wird eine Recover-Datei mit .Name.**swp** erstellt. Diese kann mit **vim -r** oder **recover** wieder hergestellt werden.	*vi improved – verbesserter vi unter Linux.* Der vi unter Linux hat bereits eine Reihe von Voreinstellungen (u.a. zeigt er an, wenn man sich im Eingabemodus befindet). Zusätzlich können im Eingabemodus die Pfeil-Cursor-Tasten zum Korrigieren verwendet werden.
vi [-rR] *Datei(en)*	*visual editor* Bildschirmorientierter Editor. **-r** *recovery* Es wird ein Protokoll mitgeschrieben, das bei einem Absturz alle Eingaben nachvollziehen kann. **-R** *Read only* Die aufgerufene Datei darf mit dem vi nur gelesen, nicht verändert werden. → **sed** (Umschaltung über **:** in den ex-Modus) → **Editoren Metazeichen** → **Häufig benutzte Kommandos im vi**
vipw	Editiert die Passwortdatei mit exklusivem Schreibrecht.
visudo[S]	Editorbefehl für root, um die Datei sudoers zu bearbeiten. Hierbei wird die Datei vor mehrfachem gleichzeitigen Editieren geschützt.

Kommandoeingabe	Funktion
wc [-wcl]	*word count, Wörter zählen*
	Zählt Zeilen, Wörter und Zeichen.
	Ergebnisanzeige:
	-w word Anzahl der Wörter,
	-l line Anzahl der Zeilen,
	-c character Anzahl der Zeichen.
whatis *Kommando*	*Für was ist das Kommando*
	Gibt eine Kurzinformation des ange-gebenen Kommandos aus.
whereis *Kommando*	*Wo ist das Kommando*
	Zeigt den absoluten Pfadnamen eines Kommandos an.
while ..	*solange ...*
do	Leitet eine Schleife ein.
done	→ Konstrukte der Shell
who	*Wer arbeitet am System*
who am i	Zeigt die angemeldeten Benutzer und Terminals.
	Es wird der Benutzernamen, die Termi-nalbezeichnung und die Anmeldezeit angezeigt.
	rwho (falls installiert) zeigt auch alle ange-meldeten Benutzer innerhalb des Netz-werks an.
	→ **finger** *name@Rechner*
wireshark	*neuere Bezeichnung / Version für Ethereal*
	Analysiert das Netzwerk (auch für Windows und Mac frei Soft-ware)
write	*schreiben*
Benutzername[@Rechner]	Einem anderen Benutzer Mitteilungen auf den Bildschirm schicken. → **talk**

Kommandoeingabe	Funktion
xargs [-t -I {} *kom*]	*execute **arg**uments*
	Erlaubt übergegebene Argumente zu bearbeiten.
	-t *type* Zeigt die ausgeführten Kommandos.
Beispiel:	**-I** *insert* Erlaubt das übergebene Argument mehrmals einzufügen.
cat *liste* | xargs -t rm	Alle Dateien in ***liste*** werden gelöscht.
cat liste | xargs -t -I {} \\ mv {} {}.old	Bei allen Dateien in ***liste*** wird der ursprüngliche Name (Platzhalter {}) mit .old ergänzt.
xhost [+-] [*Rechnername*]	Setzt die Berechtigung, um grafische Tools unter anderem Namen oder auf entfernten Rechner im Netz aufzurufen **xhost +** Wird beim Server gesetzt und erlaubt allen Rechnern (bzw. nur dem angegebenem) die grafische Oberfläche mit zu benutzten.
	xhost – Hiermit wird die Erlaubnis wieder aufgehoben.
	Wird unter Linux ein weiterer Benutzer unter der grafischen Oberfläche angemeldet (Strg+Alt+F8) lautet die **DISPLAY**-Variable dort z.B. : **:1.0,** falls die Anmeldung nicht über **ssh -X** erfolgte.
xnmap	Grafisch aufbereitetes Tool, um den Netztransfer zu kontrollieren.
xxd [*Eingabedatei*] \\ [*Ausgabedatei*]	Hexadezimale Ausgabe eines Dateiinhalts mit zusätzlicher Darstellung in ASCII.
	Wird nur eine Eingabedatei angegeben, erfolgt die Ausgabe auf Standardoutput.

Kommandoeingabe	Funktion
yast (**yast2**)	Zentrales Administrationswerkzeug unter OpenSuse-Linux.
yppasswd	Kommando, um bei NIS Passwörter zu vergeben und zu ändern.
zcat *Dateiname.Z*	*cat von .Z-Dateien*
	Zeigt den Dateiinhalt von mit compress komprimierten Dateien an.
zip *Datei.zip Datei1*	Erstellt eine komprimierte Archivdatei (Datei.zip) mit der nachfolgend angegebenen Datei.
	→ **unzip**

Tools für den Linux-Systemadministrator

Da unter OpenSuse die meisten Systemverwalteraufgaben über Yast bzw. über das Kontrollzentrum erfolgen, hier eine Übersicht aller Menüs. (OpenSuse Linux ab 12.1). Ähnliche Tools finden Sie auch bei anderen Distributionen.

Configure Desktop (Personal Settings Systemeinstellungen)

Hauptmenüs	Untermenüs
Common Appearance and Behavior **Allgemeines Erscheinungsbild und Verhalten**	Account Details – Benutzerkonto Application Appearance – Erscheinungsbild von Anwendungen Application and System Notification – Anwendungs- und Systembenachrichtigungen File Associations – Dateizuordnungen Locale – Regionales Personal Information – Persönliche Informationen Shortcuts and Gestures – Kurzbefehle und Gestensteuerung
Workspace Appearance and Behavior **Erscheinungsbild und Verhalten der Arbeitsfläche**	Desktop Effekts – Arbeitsflächen-Effekte Workspace Appearance – Erscheinungsbild der Arbeitsfläche Accessibility – Zugangshilfen Default Applications – Standard-Komponenten Desktop Search – Desktopsuche Window Behavior – Fensterverhalten Workspace Behavior – Verhalten der Arbeitsfläche
Network and Connectivity **Netzwerk und Verbindungen**	Network Settings – Netzwerkeinstellungen SSL Preferences – SSL-Einstellungen Sharing – Freigabe Bluetooth – Bluethooth
Hardware	Device Actions – Geräte-Aktionen Digital Camera – Digitalkamera Display and Monitor – Anzeige und Monitor Information Sources – Informationsquellen Input Devices – Eingabegeräte Power Management – Energieverwaltung Removable Devices – Wechselmedien Multimedia – Multimedia
System Administration	Actions Policy – Aktionsberechtigungen Date & Time – Datum & Zeit Font Installer – Schriftarten-Verwaltung Global Policy – Allgemeine Berechtigungseinstellung Login Screen –Anmeldebildschirm Permissions – Berechtigungen Sortware Management – Softwareverwaltung Startup and Shutdown – Starten und Beenden YAST (siehe eigene Tabelle nächste Seite)

Yast Module Aufrufmöglichkeiten:

yast [*modulname*]   für ASCII-Version (Befehlszeilenmodus).
yast2 [*modulname*]   für das grafische Tool.
yast -l   zeigt die möglichen Modulnamen an.

In der nachfolgenden Übersicht ist in eckigen Klammern [ ] der dazugehörige Modulname angegeben, der beim Aufruf unter root gleich in das entsprechende Untermenü springt.

In der ASCII-Version gelten folgende Funktionstasten:

<F1> Hilfe; <F9> Abbruch; <F10> Beenden

YAST *(yet another System Tool)*

Yast Menues	Untermenüs

Software	Add-on-Produkt [add-on] – Zusatzprodukte
	Media Check [Media-Überprüfung] –
	     Medien-Überprüfung
	Online-Update [online_update] –
	     Online-Aktualisierung
	Package Search (wbpin)
	Software Management –
	     Software installieren oder löschen
	Software Repositories

Hardware	Hardware Information – Hardware-Informationen Infrared Device – Infrarot-Gerät Joystick – Joystick Mouse on Text Console (GPM) – Maus in Textkonsole (GPM) Printer – Drucker Scanner– Scanner Sound – Sound System Keyboard Layout – System Tastaturlayout TV Card – TV-Karte
System	/etc/sysconfig Editor – Editor für /etc/sysconfig Boot Loader – Bootloader Date and Time – Datum und Zeit Kernel Settings – Kernel-Einstellungen Language – Sprache Partitioner – Partionierer System Backup – Systemsicherung System Restoration – Systemwiederherstellung System Services (Runlevel)– Systemdienste (Runlevel)
Network Devices **Netzwerkgeräte**	DSL – DSL ISDN – ISDN Modem – Modem Network Settings – Netzwerkeinstellungen

Tools für den Linux-Systemadministrator

Yast Menues	Untermenüs

Network
Services
Netzwerkdienste
	Hostnames – Rechnernamen
	Kerberos Client – Kerberos-Client
	LDAP Browser – LDAP-Browser
	LDAP Client – LDAP-Client
	Mail Server – E-Mail-Server
	NFS Client – NFS-Client
	NIS Client – NIS-Client
	NTP Configuration – NTP-Einrichtung
	Network Services (xinetd) – Netwerkdienste
	Proxy – Proxy
	Remote Adminstration (VNC) –
	   Administration entfernter Rechner (VNC)
	Samba Server – Samba-Server
	Windows Domain Membership –
	   Mitgliedschaft in Windows-Domäne
	iSCSI Initiator – iSCSI-Initiator

Security and Users
Sicherheit und Benutzer
	Firewall – Firewall
	Security Center and Hardening –
	   Sicherheits-Center und Systemhärtung
	Sudo – Sudo
	User and Group Management –
	   Benutzer- und Gruppenverwaltung

Virtualisierung	Install Hypervisor and Tools Relocation Server Configuration
Support **Unterstützung**	Release Notes – Hinweise zur Version
Miscellaneous **Verschiedenes**	Live Installer Vendor Driver CD –Hersteller-Treiber-CD

Tools unter RedHat

Vor der Version RedHat EL4 wurde statt dem Aufruf "system-config" "redhat-config" verwendet, so z.B. statt system-config-bind redhat-config-bind.

Warnung: Werden die grafischen Tools verwendet, sollten die Konfigurationsdateien nicht per Hand editiert werden.

Aufruf: system-config...	Zur Konfiguration von
-authentication	– LDAP Support
-bind	– Domain Name Service
-date	– Datum
-display	– X-11R6, Terminal, Monitor, VideoCard,
-httpd	– Apache HTTP Server /etc/httpd/conf/httpd.conf
-keyboard	– /etc/sysconfig/keyboard
-language	– /etc/sysconfig/i18n
-mouse	– /etc/sysconfig/mouse
-network	– Network-Tools im Verzeichnis /etc/sysconfig/networking
-nfs	– NFS-Server /etc/exports
-printer	– Druckern
-proc	– Pseudo-File-System
-rootpassword	– Zum Setzen des Passworts
-samba	– Samba-Servers
-securitylevel	– Firewall Regeln (iptables) /etc/sysconfig/selinux
-services	– Spam-Daemon
-users	– Zum Verwalten von Benutzern /etc/sysconfig/
-xfree86	– X Window System
system-install-packages	– Software-Installation

Einige interessante Links

Sie finden	Unter der Adresse
– AIX	www.ibm.de
– Artikel und Informationen	www.heise.de
– BSD/OS	www.bsd.com
– CDE	www.cde-ev.de
– Computerschulungen, Betriebssysteme, CAD, BWL, Grafik und DTP und viele andere Themen	www.one-by-one.de
– Consulting für Linux/OpenSource, Support und Training	www.b1-systems.de
– CUPS, Common Unix Printing System	www.cups.org
– Debian	www.debian.de
– Deutsches Linux HOWTO Projekt	www.linuxhaven.de
– Distributorenübersicht von Linux	de.wikipedia.org/wiki/LinuxDistribution upload.wikimedia.org/wikipedia/ commons/8/8c/Gldt.swg
– Dokumentation: Das (große) Dokumentationsprojekt zu Linux mit zahlreichen Linux-HOWTOs	www.tkdp,org
– Downloads allgemein	www.heise.de
– Free Software Foundation	www.fsf.org
– FreeBSD	www.hp.com
– Freiform-Text-Informationsdatenbank rund um Linux	www.linuxwiki.de
– GNOME	www.gnome.org
– GNU General Public	www.gnu.org/copyleft/gpl.html
– Hardware-Kompatibilitätsliste	de.opensuse.org/Portal:Hardware de.opensuse.org/Kategrorie:SDB

Sie finden	Unter der Adresse
– HP-UX	www.sgi.com
– Informationsseite über Linux	www.linux.org
– KDE	www.kde.de, www.kde.org
– LibreOffice	de.libreoffice.org
– Linux-Foren	www.linuxforen.de
– Linux-Hypertext-Tutorial	www.selflinux.org
– Linux Kernel Organisation	www.kernel.org
– Linux-Magazin	www.linuz-magazin.de, www.linux-user.de
– Linux Portal – Links	www.linuxlinks.com
– Linux-Programme für Windows	www.cygwin.com
– Linux User, Magazin	www.linux-user.de
– Novell	www.novell.com
– OpenOffice.org	www.openoffice.org
– OpenSolaris	hub.opensolaris.org
– OpenSSH für Windows	sshwindows.sourceforge.net
– RedHat	www.redhat.com
– Reparaturtools für Linux- und Windowssysteme von Klaus Knopper (kostenlose Distribution)	www.knopper.net/knoppix
– Samba (Verbindung zu	www.samba.org
– Silicon Graphics SGI – (Irix))	www.sgi.com
– SUSE/Novell	www.OpenSuse.de
– Übungsbeispiele zu Linux	www.ChristineWolfinger.de

Einige interessante Links

Sie finden	Unter der Adresse
– Ubuntu-Anwender	www.ubuntuusers.de
– Umrechnung der Zahlensysteme	www.arndt-bruenner.de/mathe/scripts/ Zahlensysteme
– VMWare	www.vmware.com
– X Window	www.xfree86.org

Tastenkürzel der grafischen Oberfläche KDE[1]

Tasten	Bedeutung
Auf dem Anmeldebildschirm:	
<Alt+s>	Beenden
<Alt+t>	Sitzungsart auswählen
<Alt+e>	X-Server neu starten
Auf der Arbeitsfläche:	
<Stg+Alt+Entf>	Abmelden
<Stg+Alt+Shift+Entf>	Abmelden (ohne Bestätigung)
<Alt+Strg+D>	Alle Fenster minimieren
<Stg+Alt+Shift+Bild↓>	Anhalten (ohne Bestätigung)
<Stg+Alt+Shift+Bild↑>	Neu starten (ohne Bestätigung)
<Alt+F2>	Befehlseingabe
<Alt+Strg+L>	Bildschirm sperren (lock)
<Strg+Alt+F1> bis <Strg+Alt+F6> <Strg+Alt+F7> bis <Strg+Alt+F9> und <Strg+Alt+F11,F12>	Fenster auf ASCII-Ebene tty1 bis tty6 zur Grafischen Oberfläche 1 bei zusätzlichem Benuzterwechsel
<Strg+Alt+F10>	System Fehlermeldungen
<Alt+Strg+ESC>	Killen von Fenstern/Anwendungen (Auswahl)
<Alt+F12>	Mausemulation über ←→↑↓
<Strg+Esc>	Prozessmanager anzeigen (KDE Systemüberwachung)
<Alt+F5>	Steuerung der geöffneten Fenster und Arbeitsflächen
Im Fenster	
<Alt + linke Maustaste>	Fenster verschieben
<Alt+Tab> <Alt+Shift+Tab>	Fenster wechseln in Gegenrichtung
<Alt+F3> <Alt+F4>	Fenstermenü (KDE) Fenster schließen (beenden
<Strg+c> <Strg+v>	Markierten Text speichern Speicherung einfügen

---

1. *Soweit keine anderen Tastaturkürzel definiert wurden <Strg> entspricht <Ctrl> bei englischer Tastatur*

Tastenkürzel der Bash-Eingabe (Terminal)

Tasten	Bedeutung
<Strg-d>	Beendet die Eingabe (Datei, EOF) bzw. beendet eine Sitzung (Terminal).
<Shift+Bild↓ >	Blättert zur nachfolgenden Bildschirmseite.
<Shift+Bild↑ >	Blättert zur vorherigen Bildschirmseite.
<Strg+c>	Bricht einen Befehl ab (*cancel*).
<Tab>	Ergänzt einen Befehls oder einen Pfad-/Dateinamen.
←	Geht ein Zeichen nach links.
→	Geht ein Zeichen nach rechts.
↓	Geht zum nächster Befehl.
↑	Geht zum vorherigen Befehl.
<BS> oder <Strg-h>	Korrigiert rückwärts.
<Entf>	Korrigiert vorwärts.
<Strg-u>	Löscht die Zeileneingabe.
<Strg-s>	Stoppt die Terminalausgabe.
<Strg-q>	Setzt die Terminalausgabe fort.
<Strg-r> *text*	Sucht nach Befehlen die mit *text* beginnen.
<Esc-.>	Übernimmt die Parameter des vorherigen Befehls.

Editoren
Metazeichen – reguläre Ausdrücke
(Unter anderem für ed, grep, sed, vi)

Meta-zeichen	Such-beispiel	Bedeutung
.	/.d/	Beliebiges einzelnes Zeichen.
		Sucht nach allen Wörtern, die ein beliebiges Zeichen gefolgt von einem d enthalten.
*		Mögliche Wiederholung des voran-gestellten Zeichens.
	/m*/	Sucht nach einem "m" oder hinter-einander mehrfach auftretenden ›m‹.
.*		Steht für mehrere beliebige Zeichen.
	/.*m/	Sucht nach Zeichenfolgen, in denen ein ›m‹ vorkommt.
^	/^ */	Nachfolgender Suchbegriff steht am Anfang einer Zeile.
		Sucht ein oder mehrere Leerzeichen am Anfang einer Zeile.
$		Nachfolgender Suchbegriff steht am Ende einer Zeile.
	/EUR$/	Sucht nach einer Zeile, die mit EUR endet.
[ ]		Sucht eines der in der Klammer ange-gebenen Zeichen.
	/[a-z]/	Sucht nach einem beliebigen Klein-buchstaben.
	/[137]/	Sucht nach Ziffern 1, 3 oder 7
\		Fluchtsymbol. Evtl. Sonderfunktion des nachfolgenden Zeichens werden aufgehoben.
	/*/	Sucht nach einem ›*‹.
&	s/Muster/&../	Setzt das gefundene Muster als neuen Begriff ein.
	s/Herr/&n/	Ersetzt ›Herr‹ durch ›Herrn‹.

Häufig benutzte Kommandos im ed (ex, sed)

Verwendung	Befehl/ Beispiel	Bedeutung
Aufruf	**ed** *Datei* **ed sprueche**	Von der angegebenen Datei wird eine Kopie in den Arbeitsspeicher geladen. Es wird nur die Anzahl der Bytes angezeigt.
Positionieren bzw. Angabe des Bereichs	*n* **3**	Der Arbeitszeiger wird auf die Zeile *n*, im Beispiel Zeile 3, positioniert.
	n1,n2 Kommando	Das Kommando betrifft den Bereich *n1* bis *n2*.
	2,5p	Die Zeilen 2 bis 5 sollen angezeigt (*print*) werden.
	n,**$d**	Von Zeile *n* bis Ende der Datei löschen (*delete*).
	4,$n	Zeile 4 bis Ende der Datei werden die Zeilen nummeriert angezeigt.
	.n	Die aktuelle Zeile wird mit der Zeilennummer angezeigt.
Umschalten in den Eingabemodus	**a**	Nach der aktuellen Zeile kann Text eingegeben werden. *append* angehängt
	n **a** **3a**	Nach Zeile *n*, im Beispiel Zeile 3, wird neue Zeile angehängt, um Text einzugeben.
	i *n***i** **1i**	(*insert*) Vor der aktuellen Zeile erfolgt die Texteingabe, bzw. vor Zeile *n*, im Beispiel vor Zeile 1.
	c **5c**	(*change*) Die aktuelle Zeile wird ersetzt, im Beispiel wird die Zeile 5 ersetzt. Wird mehr als eine Zeile Text eingegeben, werden die weiteren Zeilen eingefügt.
Beenden des Eingabemodus	**.**	Der Punkt muss am Anfang der Zeile stehen. Er beendet den Eingabemodus.

Häufig benutzte Kommandos im ed (ex, sed) – Fortsetzung

Verwen-dung	Befehl/Beispiel	Bedeutung
Suchen	/Muster/	Nach dem Begriff/Muster wird in der Datei vorwärts gesucht.
	?Muster?	Sucht rückwärts.
	//	Sucht zuletzt gesuchtes Muster vorwärts bzw.
	??	rückwärts.
Ersetzen	s/alt/neu/	*substitute* – ersetzen In der aktuellen Zeile wird das erste Auftreten von *alt* durch *neu* ersetzt.
	1,$s/alt/neu/g	In der gesamten Datei (1,$) wird jedes Vorkommen von *alt* durch *neu* ersetzt (*global* –d.h., auch mehrmals in einer Zeile).
Löschen von Zeilen	d	(*delete*) Löscht die aktuelle Zeile.
	3d	Zeile 3 wird gelöscht.
	4,6d	Zeilen 4 bis 6 werden gelöscht.
Rückgän-gig machen	u	(*undo*) Der zuletzt eingegebene Befehl wird *ungeschehen* gemacht.
Benden von ed	w [Datei]	(*write*) Schreibt den Arbeitspuffers in die beim Aufruf bzw. in die mit **w** angegebene Datei. Im Speicher wird jedoch in der ursprünglichen Datei weitergearbeitet. Um nachträglichen Änderungen zu speichern, muss wieder der Dateiname angegeben werden.
	q	(*quit*) Beenden Falls die Datei noch nicht mit w gesichert wurde, wird eine Warnung ausgegeben.
	q!	Beendet den ed ohne Sicherung.

Schnellinformation über den vi.   Aufruf: vi *Datei*

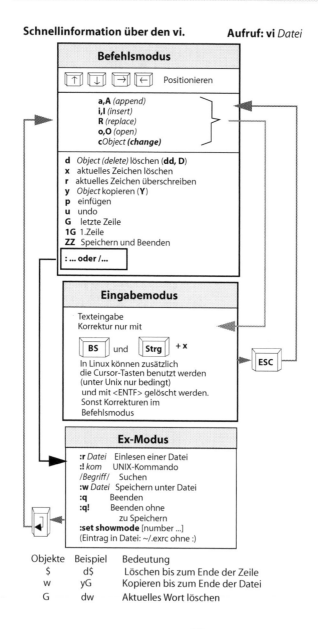

Befehlsmodus

⌐↑⌐ ⌐↓⌐ ⌐→⌐ ⌐←⌐   Positionieren

a,A *(append)*
i,I *(insert)*
R *(replace)*
o,O *(open)*
cObject *(change)*

d Object *(delete)* löschen (**dd, D**)
x aktuelles Zeichen löschen
r aktuelles Zeichen überschreiben
y Object kopieren (**Y**)
p einfügen
u undo
G letzte Zeile
1G 1.Zeile
ZZ Speichern und Beenden

: ... oder /...

Eingabemodus

Texteingabe
Korrektur nur mit

BS und **Strg** + x

In Linux können zusätzlich
die Cursor-Tasten benutzt werden
(unter Unix nur bedingt)
und mit <ENTF> gelöscht werden.
Sonst Korrekturen im
Befehlsmodus

ESC

Ex-Modus

:r *Datei*   Einlesen einer Datei
:! *kom*   UNIX-Kommando
/Begriff/   Suchen
:w *Datei* Speichern unter Datei
:q   Beenden
:q!   Beenden ohne
      zu Speichern
:set showmode [number ...]
(Eintrag in Datei: ~/.exrc ohne :)

Objekte	Beispiel	Bedeutung
$	d$	Löschen bis zum Ende der Zeile
w	yG	Kopieren bis zum Ende der Datei
G	dw	Aktuelles Wort löschen

Häufig benutzte Kommandos im vi

Verwen-dung	Befehl/ Beispiel	Bedeutung
Aufruf	**vi** *Datei*	Von der angegebenen Datei wird eine
	vi sprueche	Kopie in den Arbeitsspeicher geladen.
Beenden (**<ESC>**)	**:w** [*Datei*]	Schreibt in die beim Aufruf oder bei :w angegebene Datei zurück
	:q	Beendet den vi, falls noch nicht gesichert wurde (*:w*), wird eine Warnung ausgegeben.
	:q!	Beendet den vi **ohne Sicherung** (ohne Warnung).
	ZZ oder auch **:wq!**	Sichert (schreibt den Arbeitspuffer zurück) und beendet den vi-
Cursor positionieren		Bewegt den Cursors durch die Cursortasten oder den angegeben Buchstaben
	[→] oder l	l wie *ludwig* nach **rechts,**
	[←] oder h	**h** nach **links,**
	[↓] oder j	**j** nach **unten,**
	[↑] oder k	**k** nach **oben.**
	W oder **w**	Springt um ein **W**ort vorwärts (Wortanfang, -ende).
	B oder **b**	(*backwards*) Springt um ein Wort rückwärts.
	$	Springt zum Zeilenende.
	^	Springt zum Zeilenanfang.
	(	Springt zum Satzanfang.
	)	Springt zum Satzende.
	*n***G**	Geht zur n-ten Zeile.
	1G	*Go* Geht zur Zeile 1 – Dateianfang
	4G	Geht zur 4. Zeile.
	G	Geht zum **Ende** der Datei.
Blättern	**<Bild↓>** oder **<Strg+f>**	Blättert eine Bildschirmseite vor.
	<Bild↑> oder **<Strg+b>**	Blättert eine Bildschirmseite zurück.

Häufig benutzte Kommandos im vi – *Fortsetzung*

Verwen-dung	Befehl/Beispiel	Bedeutung
Wechsel in den Einga-bemodus	**A**	*append* Erlaubt am Zeilenende Text einzugeben.
	a	Eine Texteingabe erfolgt nach dem Cursor.
	I	*insert* Eine Texteingabe erfolt am Zeilenanfang.
	i	Fügt Text vor dem Cursor ein.
	o	*open* Eine Texteingabe erfolgt in einer neuen Zeile unterhalb des
	O	Cursors, oberhalb des Cursor
Bei nachfolgenden Optionen wird im Eingabemodus weitergearbeitet:		
	R	*replace* Ersetzt bestehende Zeichen ab Cursorposition.
	c *Objekt*	*change* Ersetzt das nachfolgende Objekt.
	cw	*change* **w**ord Ersetzt nachfolgendes Wort.
	cG	Ersetzt den nachfolgenden Text bis zum Ende der Datei.
	c^	Ersetzt vom Anfang der Zeile bis zur Cursorposition.
	c$ oder **C**	Ersetzt von der Cursorposition bis zum Ende der Zeile.
	c(	Ersetzt vom Anfang des Satzes bis Cursorposition.
	c)	Ersetzt von der Cursorposition bis zum Satzende.
Abschluß des Einga-bemodus	ESC	Schließt die Eingabe ab und wechselt in den Kommandomodus

Häufig benutzte Kommandos im vi – *Fortsetzung*

Art	Befehl/ Beispiel	Bedeutung
Löschen	x	durch-x-en *Löscht das aktuelle Zeichen, auf dem der Cursor steht.*
	d *Objekt*	**d***elete* Löscht das nachfolgende Objekt:
	dw	das nachfolgende Wort,
	dG	nachfolgenden Text bis zum Ende der Datei,
	d^	Anfang der Zeile bis zur Cursorposition,
	d$ oder D	ab Cursorposition bis zum Zeilenende,
	d(	vom Anfang des Satzes bis zur Cursorposition,
	d)	von der Cursorposition bis zum Ende des Satzes,
	dd	die aktuelle Zeile,
	*n***dd**	*n* Anzahl Zeilen
	3dd	3 Zeilen.
Speichern und Einfügen	**yy oder Y**	*y*ank Setzt die aktuelle Zeile in den Speicherpuffer.
	p	Fügt die letzte Speicherung/Löschung nach der aktuellen Zeile ein.
	"[a-z]**y***Objekt*	Speichert das angegebene Objekt in den Puffer (a-z)
	" a**yw**	Speichert das Wort, auf dem der Cursor steht, in den Pufferspeicher ›a‹.
	"[a-z]**p**	**p***aste* Fügt den Inhalt des Pufferspeichers (a-z) nach der Cursorposition ein
	"a**p**	Fügt den Inhalt des Pufferspeichers a nach der Cursorposition ein.
	▲ **Vorsicht! Anführungszeichen nicht vergessen!**	Ohne Anführungszeichen würde **a** für *append* ausgeführt.

Häufig benutzte Kommandos im vi – *Fortsetzung*

Art	Befehl/ Beispiel	Bedeutung
Vertau- schen	**xp**	Vertauscht 2 Buchstaben an der Cursorposition
	oder	(z.B. hc in ch).
Rück-gän- gig machen	**u**	*undo* Das zuletzt durchgeführte Kom- mando wird ›*ungeschehen*‹ gemacht
	U	Die aktuelle Zeile wird aus der Origi- naldatei wiederhergestellt.
Suchen in der gesam- ten Datei	*/Suchbegriff*	Sucht nach dem angegebenen Muster vorwärts
	/ oder **n**	Wiederholt den letzten Suchvorgang (vorwärts).
	?*Suchbegriff*	Sucht nach dem angegebenen Muster rückwärts.
	?	Wiederholt den letzten Suchvorgang (rückwärts).
	%	Wenn der Cursor auf einer Klammer steht, sucht dieses Kommando die dazugehörige schließende oder öff- nende Klammer.
Suchen in der aktuel- len Zeile	**f***x*	*find* Sucht in der aktuellen Zeile nach dem Zeichen *x* vorwärts (f) rückwärts (F).
	F*x*	
	;	Wiederholt den letzten Suchvorgang nach rechts,
	,	nach links.
Korrektur- möglichkei- ten im Eingabe- modus	**<Backspace>**	Löscht ein Zeichen nach links,
	<Entfernen>	nach rechts (vim)
	<Strg+w>	Löscht das zuletzt eingegebene Wort.
	<Strg+x>	Löscht die zuletzt eingegebene Zeile.
		Zusätzlich können im vim die Cursor- tasten auch im Eingabemodus genutzt werden.

Häufig benutzte Kommandos im vi – *Fortsetzung*

Art	Befehl/ Beispiel	Bedeutung
UNIX-Kom- mando	**:!**Kommando	Führt das angegebene Kommando aus.
	:!date	Gibt das Datum und Uhrzeit auf der untersten Bildschirmzeile aus. Mit der Returntaste kehren Sie zum vi zurück.
Sonstiges	**<Strg+l>**	*Buchstabe klein L* Bereitet den Bildschirm neu auf.
	:r*Datei*	*read* Liest die angegebene Datei in den Arbeitspuffer und fügt sie nach der Cursorzeile ein.
	:r!*Kommando*	Führt das angegebene Kommando aus und fügt das Ergebnis hinter der aktuellen Zeile ein.
	:r!date	Fügt Datum und Zeit nach der aktu- ellen Zeile ein.
	J	*join* Fügt die aktuelle Zeile mit der nachfolgenden Zeile zusammen.
	~	Vertauscht Groß-/Kleinbuchstaben
	:	Schaltet in Ex-Modus um. Hiermit können *ed/sed-* Befehle ein- gegeben werden, wie z. B.:
	:1,$s/alt/neu/g	Sucht und Ersetzt in der gesamten Datei *alt* gegen *neu* auch mehrmals in der Zeile (g *global*).
	:1,$s/Herr/&n/g	Ersetzt Herr in Herrn in der gesamter Datei.

Einige praktische Optionen für den vi

Kommando	Bedeutung
:set redraw	Änderungen werden am Bildschirm sofort nachvollzogen. Ausnahmen sind Korrekturen im Eingabemodus – meist als Default eingestellt (meist voreingstellt).
:set nore	Setzt die obige Funktion zurück
:set wm=*n*	*wrap margin – Zeilenumbruch* Mit Angabe von *n* Anzahl Zeichen wird automatisch ein Zeilenumbruch vorgenommen, sobald die maximale Zeilenlänge der Anzahl Zeichen erreicht wurde.
:set wm=0	Hiermit erfolgt kein automatischer Zeilenumbruch.
:set nu	*number* Die Datei wird mit laufender Zeilennummer angezeigt.
:set nonu	Setzt die obige Funktion zurück
:set showmode	Hiermit wird in der letzten Bildschirmzeile beim Eingabemodus der Hinweis ›Einfügen‹ angezeigt (bei vim voreingestellt).
:set tabstop=4	Setzt Tabulator Stops jeweils nach 4 Zeichen (Standard 8 Zeichen).
:set nomagic	Die Sonderzeichen ., [ ] und * haben dann keine Sonderbedeutung mehr, d.h., bei dem Such- und Ersetzungsmechanismus des ex-Modus werden sie nicht als Metazeichen behandelt. Z.B. gilt der Stern nicht mehr als Wiederholungsfaktor, sondern wird als Stern erkannt.
:set magic	Setzt die obige Funktion zurück.
:set all	Zeigt alle eingestellten Parameter an.

In der Datei **$HOME/.exrc** können diese Voreinstellungen generell gesetzt werden. Die Kommandos werden dann **ohne :** eingegeben. Mehrere Angaben können in einer Zeile stehen.

z.B. **set number showmode tabstop=4**

Eine weitere Möglichkeit ist, die Optionen der Variablen **EXINIT** mitzugeben:

EXINIT="set number showmode tabstop=4"
export EXINIT

Unter Linux gibt es zusätzlich die Datei /etc/vimrc für Voreinstellungen.

Befehlszeileneditor im vi, emacs und der bash

Funktion	Taste im vi (vim)	Taste im emacs	Zeileneditor (bash)
Positionieren:			
Vorherige Befehlszeile (nach oben)	k ⬆	<Strg+p> *previous*	⬆
Nächste Befehlszeile (nach unten)	j ⬇	<Strg+n> *next*	⬇
Zeichen nach links wandern (zurück)	h ⬅	<Strg+b> *back*	⬅
Zeichen nach rechts wandern (vorwärts)	l ➡ (kleines L)	<Strg+f> *forward*	➡
Anfang der Zeile	^	<Strg+a> <Pos1>	<Strg+a> <Pos1>
Ende der Zeile	$	<Strg+e> <Ende>	<Strg+e> <Ende>
Korrigieren:			
Zeichen löschen nach rechts	x	<Strg+d> <Delete>	<Entf>
Zeichen löschen nach links	<BS> nur im Eingabemodus	<BS>	<BS>
Zeichen einfügen	i	voreingestellt	voreingestellt
Wort löschen	dw	<ESC+d> *(bis Wortende)*	<Alt+d>
Bis zum Ende der Zeile löschen	d$	<ESC+e>	<Strg+k>
Zuletzt Gelöschtes einfügen	p	p *paste*	<Einf>

Erläuterung der Symbole für Tasten

<Einf> Insert/Einfügen   <Alt>   Alternate

<BS> Backspace, Löschen   <Strg>   Steuerung, Control

<Ent> Entfernen, Delete   <ESC>   Escape

Wichtige Dateien und Directories

(Alphabetisch sortiert)

Datei/Directory	Bedeutung
/bin	Verzeichnis für Binaries, ausführbare Kommandos/Unix-Programme.
/boot ^{LX}	Verzeichnis mit Kernel und speziellen Dateien (zum Booten des Rechners).
/boot/grub/menu.lst ^{LX}	Zentrale Datei für die Einstellunge des Bootloaders GRUB.
/dev	Verzeichnis für Geräteeinträge (Platten, Terminal, z.T. Unterdirectories.
/dev/fd0	Meist dem Disketten-Laufwerk als Gerätebezeichnung zugeordnet.
/dev/lp	Oft dem Drucker als Gerätebezeichnung zugeordnet.
/dev/mt0 /dev/rmt/0	Meist dem Bandlaufwerk als Gerätebezeichnung zugeordnet.
/dev/null	Der umweltfreundliche Papierkorb unter UNIX. Alle Ausgaben, die in diese Datei umgeleitet werden, sind null und nichtig. Eingabe-Umleitungen bewirken ein EOF (End of File).
/dev/tty$n$ oder /dev/pts/n	Gerätebezeichung für Terminals (bzw. Pseudo-Terminals für die Terminalemulation).
/etc/fstab	Systemdatei, in der die Dateisysteme eingetragen sind, die gemountet werden sollen.
/etc/group	Hier werden Benutzer bestimmten Gruppen zugeordnet (zusätzlich zur Gruppennr., die in /etc/passwd dem Benutzer zugewiesen wird (4. Spalte).
/etc/host.conf	Eintrag für resolv-Konfiguration.
/etc/hosts	In dieser Datei sind alle Rechner mit IP-Adressen eingetragen, die im Netz angesprochen werden: IP FQN Short-Hostname. localhost darf nicht verändert werden (127.0.0.1).

100

Datei/Directory	Bedeutung
/etc/hosts.equiv	Datei, um den Zugriffsschutz im Netz zu steuern für die Netzkommandos wie *rcp, rsh, rlogin oder telnet.*
Beispiel eines Eintrages: *hostname [username]*	Erlaubt eine Netzverbindung für alle (bzw. für die angegebenen Benutzer) des Rechners aufzunehmen bzw. erlaubt es nicht.
-hostname [username] + *username*	Erlaubt den angegebenen Benutzer von allen Rechnern aus die Netzverbindung.
/etc/inittab	Initialisierungs-Tabelle zum Starten eines Rechners (u.a. Default runlevel).
/etc/init.d ^{LX}	Initialisierungs-Verzeichnis für Dateien/Skripte zum Hochfahren.
/etc/init.d/rc0.d bis **/etc/init.d/rc6.d**	In den Unterverzeichnissen rc0.d bis rc6.d (entsprechend den runlevels) sind Links zu den Skripten mit S*nn (Start)* und K*nn (Kill)* beginnend für den Wechsel in bzw. aus dem jeweiligen runlevel enthalten.
/etc/issue	Systeminformation (unter Linux als Nachricht beim Hochfahren).
/etc/lilo.conf ^{LX}	Konfigurationsdatei für die Erstellung vom *LinuxLoader* im Bootsektor (falls nicht GRUB verwendet wird).
/etc/motd	(*message of the day*) Kann beim Anmelden eines Benutzers angezeigt werden (ASCII).
/etc/mtab	Aktuell gemountete Tabelle der Dateisysteme.
/etc/networks	Datei der Netzwerkadressen, die während des Boot-Vorgangs benötigt werden.
/etc/passwd	Datei, die maßgebend dafür ist, ob sich ein Benutzer an einem Rechner anmelden darf.
/etc/printcap ^{LX}	Druckereinstellungsdatei, Eintrag aller angelegten Drucker. Die Datei wird automatisch über CUPS erstellt.
/etc/profile	Voreinstellungsdatei für alle Benutzer (wird bei Login gelesen).

Datei/Directory	Bedeutung
/etc/rc.config ^{LX}	Konfigurationsdatei unter OpenSuse für Einstellungen zum Hochfahren des Systems. Nach Änderungen in dieser Datei muss das Kommando SUSEconfig aufrufen werden.
/etc/resolv.conf ^{LX}	Hier werden die Rechner für Namensauflösung für IP-Adressen eingetragen.
/etc/route.conf ^{LX}	Konfigurationsdatei für die Routingtable.
/etc/services	Datei für die Portzuordnung.
/etc/shadow ^{LX}	Verschlüsselte Passwörter zu /etc/passwd und Hinweise wie Gültigkeitsdauer etc.
/etc/smb.conf	Konfigurationsdatei für samba.
/floppy ^{LX}	Verweis auf /media/floppy.
/media ^{LX}	Verzeichnis zum Einhängen von Diskette und CDRom.
/mnt	Freies Mount-Verzeichnis.
/opt	Verzeichnis für optionale Software-Pakete (StarOffice u.a.)
/proc	
/root ^{LX}	Anmeldeverzeichnis der root unter SUSE.
/sbin	Viele Programme für den Systemadministrator (s.a. /usr/sbin)
/tmp	Ein temporäres Verzeichnis, das allen Benutzern Schreib-, Lese- und Ausführrechte erlaubt, wobei Dateien nur vom Besitzer oder root gelöscht werden dürfen.
/usr/bin	Weitere Benutzer-Kommandos.
/usr/sbin	Weitere Systemverwalter-Kommandos.
/usr/share ^{LX}	Software-Pakete (vim, samba u.a.)
/usr/share/man/man1 ^{LX} ... **/usr/share/man/man9**	Verzeichnis für die Manuale der Benutzer-Kommandos (mit gzip komprimierte Manualseiten für das Indexarchiv).
/usr/spool	Dateien für bestimmte Programme (at, cron, samba u.a.).

Datei/Directory	Bedeutung
/var	Variable Daten, Protokolldateien wie z.B. /var/log/messages
/var/adm/sulog ^{LX}	Protokoll für alle switch user Aktivitäten.
var/log/boot.msg ^{LX}	Systemprotokolldatei vom Hochfahren des Systems.
/var/log/isdn.log ^{LX}	Protokolldatei des Netzverkehrs über isdn.
/var/log/messages ^{LX}	Wichtige Systemprotokolldatei.
/var/log/warn ^{LX}	Protokolldatei über ausgegebene Warnungen desSystems.
/var/log/cups/error ^{LX}	Fehlerprotokolldatei von CUPS
var/spool/cron	Dateien für die zeitgesteuerten Aufgaben unter cron
Dateien im Home-Verzeichnis der Benutzer	Das Home-/Login-Verzeichnis wird beim Anmelden zugewiesen aus der Datei /etc/passwd (6. Spalte)
~/.bashrc	Wird von der Bash bei jedem Aufruf einer neuen Bash (Subshell) gelesen. Inhalt der Dateien sind z.B. Alias-Zuweisungen, Funktionen und Optionen.
~/.cshrc	Wird von der C-Shell jedesmal gelesen, wenn eine C-Shell gestartet wird.
~/.kshrc	Wird von der Korn-Shell bei jedem Aufruf einer neuen Korn-Shell (Subshell) gelesen, wenn im **~/.profile** die **Variable ENV=$HOME/.kshrc** gesetzt wurde. In .kshrc werden u.a. Alias-Zuweisungen, Funktionen und Optionen gesetzt. → ~/.profile
~/.login	Wird von der C-Shell beim Login statt der ~/.profile gelesen. → ~/.profile

Datei/Directory	Bedeutung
~/.profile	Wird nach dem Anmelden/Login von der Bourne- oder Korn-Shell oder Bash gelesen, aber nicht von der C-Shell. In .profile werden u.a. Variable gesetzt, wie $PATH, $ENV und/oder spezielle Anfangsroutinen für den Benutzer gestartet.
~/.rhosts	Private Datei für den Benutzer, die zusätzlich zur
Eintrag wie bei **/etc/rhosts.equiv**	*/etc/hosts.equiv* zur Prüfung herangezogen wird
~/.X11Startup **~/.xinitrc** **~/.xsession**	Enthalten Anweisungen für die X-Window-Oberfläche.
~/.XDefaults*	Enthält Änderungen für die X-Window-Oberläche.
	Benutzeränderungen für das CDE sind im Unterdirectory .dt abgespeichert.
Allgemein	Die systemspezifischen Benutzerdateien beginnen meist mit einem . und werden nur bei
*****	ls -a dem normalen Benutzer angezeigt.

Shell: Bourne (sh), Korn (ksh), Bash (bash)

Gelten Funktionen nur für eine bestimmte Shell, wird unter Bedeutung daraufhingewiesen, z. B. *nicht sh*

Zeichen	Bedeutung
Anzeige am Bildschirm	
	Bereitzeichen (**Variable PS1** Seite 117 u. Seite 109
$	für den ›normalen‹ Benutzer *(csh: %)*,
#	für den Systemadministrator (root),
>	Folgezeichen in der nächsten Zeile (**PS2**) wenn das Kommando noch nicht abgeschlossen war.
Umleitungen	
>	Umleitung der Ausgabe Neuerstellung (bzw. Überschreiben).
>>	Umleitung der Ausgabe Anhängen an eine bestehende Datei.
2> und 2>>	Umleitung der Fehlerausgabe.
2<&1	Umleitung der Fehlerausgabe an die Ausgabedatei.
<	Umleitung der Eingabe.
<< *wort*	Here-Dokument. Es wird für die Umleitung der Eingabe innerhalb eines Skripts bzw. Funktion verwendet. →Arithmetik Seite 116
Verknüpfung, Gruppierung und Pipe	
;	Verkettung von Kommandos
kom; *kom*	Mehrere Kommandos können so in einer Zeile geschrieben werden.
{ *kom*; *kom*; }	Gruppierung von Kommandos für Ein- und Ausgabeumleitung.
(*kom*; *kom*)	Gruppierung von Kommandos als Subshell.
|*kom* | *kom*	Pipe-Zeichen.
&&	Und-Verknüpfung von Kommandos
kom1 **&&** *kom2*	*kom2* wird ausgeführt, wenn *kom1* erfolgreich war.
||	Oder-Verknüpfung von Kommandos
kom1 || *kom2*	*kom2* wird nur dann ausgeführt, wenn *kom1* **nicht** erfolgreich war.

Shell: Bourne (sh), Korn (ksh), Bash (bash)

Zeichen	Bedeutung
Metazeichen – Dateinamenexpansion	
*	Beliebige Zeichenfolge.
?	**Ein** beliebiges Zeichen.
[*a b c*]	**Eines** der in Klammer angegebenen Zeichen. Im Beispiel a, b oder c.
[*a-z*]	**Eines** der in Klammer angegebenen Zeichen ›von - bis‹ (im Beispiel alle Kleinbuchstaben).
[!*a-z*]	**Ein** beliebiges Zeichen außer den in der Klammer angegebenen Zeichen.
History-Mechanismus	
⬆️	Wiederholung des letzten Kommandos In der Bash werden über die Cursor-Pfeiltasten die letzten Kommandos zurückgeholt und neu gestartet (auch bei der Korn-Shell möglich bei entspr. Voreinstellung von Aliase für die Steuerungszeichen in der .kshrc und Voreinstellung mit set -o emacs.
<ESC+.>	Übernahme des Parameters vom letzten Kommando. **nur bash**
Variable und Kommandosubstitution	
$*Name*	Ersetzung durch den der Variablen *Name* zugewiesenen Wert.
$(*Befehl*)	Ersetzung durch das Ergebnis des Befehls. Ältere Schreibweise mit accent grave: ' Befehl ' .
Prozesse/Jobcontrol	
& *cmd* **&**	Kennzeichnet einen Hintergrundprozess (stets am Ende eines Kommandos).
%*jobnummer* Beispiel: **kill %1** oder: **fg %1** **bg %1**	Kennzeichen für Jobcontrol-Nummer. Prozess abbrechen. Prozess läuft im Vordergrund weiter. Prozess läuft im Hintergrund *nicht sh*
trap -l **trap "**[*kom;kom*]**"** *Signale* **trap " "** Signale	Zeigt alle Signale an Führt die Konmmandos bei Erhalt der angeführten Signale durch Blockiert die angegebenen Signale →trap Seite 73

Zeichen	Bedeutung
Kürzel für Verzeichnisse	
.	Aktuelles Verzeichnis.
..	Darüberliegendes Verzeichnis.
Beispiel:	Kopiert die Datei *dat1* vom darüberliegenden
cp ../dat1 .	Verzeichnis ins aktuelle Verzeichnis.
cd -	Wechsel in das vorherige Verzeichnis.
cd	Wechsel in das Home-Verzeichnis.
~	Home-/Login-Verzeichnis. *nicht sh*
~Benutzer	Home-/Login-Verzeichnis des betreffenden Benut-
Beispiel:	zers.
cp~*hans*/.profile ~	Kopiert die Datei .profile vom Benutzer *hans* in das eigene Home.-Verzeichnis.
Ersetzungsmechnanismen	
\	Aufhebung der Bedeutung von nachfolgenden Sonderzeichens; bei ksh und bash auch für Aufheben eines Aliases.
"text ... text"	Keine Ersetzung der Dateinamenexpansion: * ? [ ]. **Aber** Ersetzung von Shell-Variablen (**$**), Ersetzung von Kommandosubstitution **$(**) und Ersetzung
' text ... text'	von Alias. Keinerlei Substitution.

Variable

Positions-parameter	Bedeutung
$0	Name der Shell-Prozedur .
$1	Wert des 1. Parameters.
$2	Wert des 2. Parameters
...	bis
$9	Wert des 9. Parameters.
$*	Werte aller angegebenen Parameter.
$#	Anzahl der Parameter.
$?	Exit-Status des letzten Kommandos.
$$	Prozeßnummer der Shell-Prozedur.

Vordefinierte Shell-Variable (Systemvariablen)

Shell-Variablen	Bedeutung
$DISPLAY	Diese Variable muß gesetzt sein, wenn eine grafische Oberfläche genutzt wird. Als Wert wird der Rechnername eingetragen, gefolgt von :0.0 z. B. **DISPLAY=amadeus:0.0** **export DISPLAY** →Seite 78
$ENV	Voreinstellungen für die Korn-Shell In der Regel **~/.kshrc** →Seite 103
$EXINIT	Als Wert werden Voreinstellungen für den ex- bzw. vi-Editor eingetragen. →**vi** Seite 98
$HISTSIZE	Als Wert wird die Anzahl der Kommandos eingetragen, auf die über den History-Mechanismus und den Befehlszeileneditor zurückgegriffen werden darf. *nicht sh*
$HOME	Beim Login wird der absolute Pfadname des Login-Verzeichnis aus der /etc/passwd der Variablen zugeordnet. Diese Variable wird u.a. von cd (ohne weitere Angaben) als Default verwendet.
$IFS	Hier sind die Separatorzeichen zugewiesen. Standard: Leerzeichen, Tabulator und Neue Zeile.
$LANG	Als Wert wird die jeweilige Sprache zugewiesen, in der die Systemmeldungen erfolgen sollen – soweit im System enthalten.
$LOGNAME	Hier wird als Wert der Login-Name des Benutzers zugewiesen.
$OLDPWD	Enthält als Wert jenes Verzeichnis, das als vorletztes von cd benutzt wurde.
$PATH	Als Wert sind all jene Verzeichnisse mit absolutem Pfadnamen aufgeführt, unter denen die Shell nach Kommandos sucht. Getrennt werden die einzelnen Verzeichnisse durch den Doppelpunkt (:). Beispiel: **PATH=/usr/bin:/bin:/usr/ucb/bin** Beispiel einer Ergänzung: **PATH=$PATH:$HOME/Befehle:.** Der Punkt am Schluss bedeutet, dass jeweils als letztes im aktuellen Verzeichnis nach dem aufgerufenen Kommando gesucht wird.

Shell-Variablen	Bedeutung

Fortsetzung vordefinierte Shell-Variablen

$PS1
Als Wert ist das Bereitzeichen der Shell zugewiesen.
Beispiel einer Neubesetzung:
PS1=' $PWD >'   ***nicht sh***
Hiermit wird jeweils das aktuelle Verzeichnis als
Bereitzeichen angezeigt.
Unter der Bash gibt es zusätzlich noch ein eigenes
Prompting → Seite 117.

$PS2
Als Wert ist das Zeichen > zugewiesen, (Fortset-
zungszeile eines Kommandos).

$PS3
Variable für die Select-Anweisung. Ohne Wertzuwei-
sung ist die Eingabeufforderung "#?" .

$PWD
Als Wert wird jeweils das aktuelle Verzeichnis zuge-
ordnet.   ***nicht sh***

$SHELL
Manche Programme fragen den Wert dieser Variable
ab, um die entsprechende Shell zu starten
(z. B. csh, ksh).

$TERM
Als Wert ist hier der Terminaltyp der Dialogstation
zugeordnet.

Arbeiten mit Variablen

Eingabe	Bedeutung/Hinweise
Name=Wert	Der Variablen *Name* wird ein Wert zugewiesen.
Beispiel:	Enthält der Wert Leer- oder Sonderzeichen, muß der Wert in Anführungszeichen gesetzt
***Name*="Hans Meier"**	werden.
Datum=$(date)	Bei der Zuweisung eines Wertes kann auch das Ergebnis eines Kommandos eingesetzt werden.
export *Name*	Um Variable auch für Unterprogramme zur Ver- fügung zu stellen, werden sie exportiert. In der
:	Korn-Shell und der Bash kann der export gleich
export *Name=Wert*	mit der Zuweisung eines Wertes erfolgen.
typeset -x *Name=Wert*	Generell könnte der export für alle Varialben voreingestellt werden mit
	set -o allexport. ***nicht sh***
	→ **Setzen von Optionen**

Befehlseingabe	Bedeutung/Hinweise

Arbeiten mit Variablen Fortsetzung

typeset -i *Name[=Wert]* — **-i** *integer*   ***unter ksh alias:*** **integer**
oder Eingabe über alias — Der Variablen können nur ganze Zahlen
integer *Name[=Wert]* — zugewiesen werden. Mit dieser Variablen
kann direkt gerechnet werden:

Beispiele: — Der zugewiesene Wert 5 gilt jeweils für alle
integer erg=5 — nachfolgenden Beispiele:

erg=$erg+3 — + Addition *(***echo** *$erg; 8)*
erg=$erg-3 — - Subtraktion *(***echo** *$erg; 2)*
erg=$erg*3 — * Mulitplikation *(***echo** *$erg;15)*
erg=$erg/3 — / Division *(***echo** *$erg; 1)*
erg=$erg%3 — % Modulo *(***echo** *$erg; 2)*

typeset -l *Name[=Wert]* — **-l** *lower case*   ***nicht bash***
Alle zugewiesenen Werte der Variable werden
in Kleinbuchstaben umgesetzt.

typeset -u *Name[=Wert]* — **-u** *upper case*   ***nicht bash***
Alle zugewiesenen Werte der Variable werden
in Großbuchstaben umgesetzt.

Beispiel: — Der Wert einer Variablen kann mit
echo $Name — *$Name* abgefragt werden.

Beispiel: — Mit { } kann der Name der Variablen abge-
touch ${Name}datei — grenzt werden, um ihn z. B. bei einem neuen
Dateinamen zu integrieren.

readonly *Variable* — Der Wert der Variablen darf nicht verändet
werden.

unset *Variable* — *Aufheben*   ***nicht sh***
Hiermit wird die Variable wieder aufgehoben.

Variablen-Expandierung

* Alle Beispielen haben als Wert für $Name "Hans.Muster", die Variable $n ist leer.

Eingabe	Bedeutung/Hinweise
${*Variablen*}xyz **echo ${name}xyz** *Hans.Musterxyz*	Geschweite Klammer als Begrennzung. xyz gehört nicht zum Variablennamen.
${#*Variable*} **echo ${#name}** *11*	Gibt nur Anzahl Zeichen der Variablen aus.
${*Variable*:-Wert} **echo ${name:=Hans}** *Hans.Muster* **echo ${n:=Otto}** *Otto*	Ist die Variable leer, dann wird *Wert* zugewiesen.
${*Variable*:=Wert}	Ist die Variable nicht belegt, dann wird *Wert* zugewiesen (gleich wie **:-Wert**)..
${*Variable*:+Wert} **echo ${name:+Otto}** *Otto* **echo ${n:+Hans}** *Hans*	Erzwingt "Wert", wenn der Variablenwert nicht leer ist.
${*Variable*:?"*text*"} **echo ${name:?"Kein \ Wert zugewiesen"}** *Hans.Muster* **echo ${n:?"Kein Wert\ zugewiesen"}** *bash: n: Kein Wert zugewiesen*	Ist die Variable leer, dann soll die Fehlermeldung "text" ausgegeben.
${*Variable*#Wert} ${*Variable*##Wert} **echo ${name#Hans}** *.Muster* **echo ${name#*.}** *Muster*	Vergleicht den Variablenwert mit Wert beginnend am Anfang, der übereinstimmender Teil wird entfernt (auch Verwendung von Dateinamenexpansion: *?[ ] möglich). # - Entfernt kürzestes Muster. ##- Entfernt längstes Muster.

Eingabe	Bedeutung/Hinweise
${*Variable*%*Wert*}	Ähnlich wie {Variable#Wert}; vergleicht
${*Variable*%%*Wert*}	Wert am Ende des Variablenwertes.
echo ${name%Muster}	% - Entfernt kürzestes Muster
Hans.	%% - Entfernt längstes Muster
echo ${name%\.*}	
Hans	
${*Variable/Muster/String*}	Vergleicht und ersetzt das Muster durch
${*Variable//Muster/String*}	den String
echo ${name/\./:}	(/ - einmal, // mehrmals)
Hans:Muster	
echo ${name/s/ss}	
Hanss.Muster	
echo ${name//s/ss}	
Hanss.Musster	
echo ${name/Hans./Otto }	
Otto Muster	
${*Variable:abZahlr*}	Gibt nur Teilbereich der Variablen aus
echo ${Name:5}	*:abZahl* ab der angebenen Zahl bis zum
Muster	Ende der Variablen
${*Variable:abZahl:Länge*}	*:abZahl :Länge* ab der Zahl in nachfolgen-
echo ${Name:5:3}	den Anzahl der Zeichen
Mus	

Bilden von Arrays

Befehlseingabe	Bedeutung/Hinweise
Adresse[**0**]- "*Vorname*"	Durch die Ergänung mit [0] wird ein Array mit Name Adresse zugewiesen, dessen Element 0 den Wert "Vorname" erhält.
Adresse[**1**]-"*Name*"	Durch die Ergänzung mit [1] wird der Array-Addresse das Element 1 mit Wert "Name" zugewiesen.
Adresse[**"**]-"*Ort*"	Durch die Ergänung mit [2] wird der Array-Addresse das Element 2 mit Wert "Ort" zugewiesen.
echo ${Adresse[1]}	Zugriff auf das Element 1.
echo ${Adresse[*]}	Zugriffe auf alle Elemente.
echo ${#Adresse[#]}	Anzahl Elemente.
set -A *Adresse* "Vorname" "Name" "Ort"	Alternative Anlage eines Arrays durch das Kommando set -A. *nicht bash*
declare -a *name*=\ '([0]="wert1" [1]="wert")' *name*=(*wert1 wert2* ...)	Alternative Anlage eines Arrays durch das Kommando. *nur bash* Einfachere Zuweisung unter bash.

Setzen von Optionen

Mit dem Kommando **set -o**   **nicht sh**
können u.a. folgende Optionen gesetzt werden:
(mit **set + o** werden gesetzte Optionen wieder ausgeschaltet)

Option	Bedeutung
allexport	Alle gebildeten Variablen werden grundsätzlich exportiert.
bgnice	Hintergrundprozesse laufen mit einer niedrigeren Priorität.
emacs *oder* **vi**	Wird diese Option gesetzt, kann die Befehlszeile mit dem angegebenen Programm editiert werden. Hierfür muß, um zu korrigieren, die ESC-Taste gedrückt werden. Der Befehlszeileneditor kann auch durch Setzen der Variable **VISUAL=vi** eingeschaltet werden.
ignoreeof	Mit der Tastenkombination Ctrl + d kann die Shell nicht mehr beendet werden (wird ignoriert).
noclobber	Bereits bestehende Dateien können über Umleitungszeichen > nicht mehr überschrieben werden.

Als Voreinstellung können Variable, set-Kommandos und alias-Funktionen in die Datei **$HOME/.kshrc** eingetragen werden, bzw. in der Bash in $HOME/.bashrc. →**Wichtige Dateien** Seite 103

Shell: Bourne (sh), Korn (ksh), Bash (bash)

Konstrukte der Shell (sh, ksh und bash)

Eingabe	Funktion
	If-Verzweigung
if *Befehl1*	wenn Befehl1 zutrifft
then *Befehlsfolge2*	dann tue ...
[**else** *Befehlsfolge3*]	[sonst tue ...]
oder	
elif *Befehl4*	sonst wenn
then *Befehlsfolge5*	dann tue ...
fi	fertig (Ende der if-Verzweigung.
Beispiel:	Wenn die Datei ($Antwort) exi-
if test -f $*Antwort*	stiert und es eine normale Datei
then pr -n $*Antwort* | pg	ist, dann zeige sie an, sonst soll
else echo "$*Antwort ist ..i*"	eine entsprechende Nachricht
fi	ausgegeben werden.
for *Name* **in** *Wert1...Wertn*	**For-Schleife.**
do	**Solange** die Variable *Name* einen
Befehlsfolge	Wert enthält (hier wird nacheinander
done	der *Wert1* bis *Wertn* zugewiesen) tue
	... fertig – gehe zu Beginn der Schleife.
	Schleifenverarbeitung
for *Name*	**Solange** die Variable *Name* einen
do	Wert enthält (sie erhält nacheinander
Befehlsfolge	den Wert von $1-$n, also die angege-
done	benen Parameter beim Aufruf des
	Kommandos)
	tue ... fertig – gehe zu Beginn der
	Schleife.
while *Kommando*	**While-Schleife**
do	**Solange** das *Kommando* erfolgreich
Befehlsfolge	ist (Exit-Status 0) tue ... fertig – gehe
done	zu Beginn der Schleife.

Eingabe	Funktion

until *Kommando*
  do
    Befehlsfolge
  done
	Until-Schleife
	Solange das *Kommando* **nicht** er-folgreich ist (Exit-Status ungleich 0) tue ... fertig – gehe zu Beginn der Schleife.

case *Muster* **in** *M1*) *Befehlsfolge1*;; *M2*|*M3*) *Befehlsfolge2*;; ... **esac**	**Case-Verarbeitung** (Auswahl) **Falls** die Zeichenkette *Muster* übereinstimmt mit *M1*, dann führe die Befehlsfolge1 aus, stimmt das *Muster* mit *M2* **oder** *M3* überein, führe Befehlsfolge2 aus Ende der case-Bedingung.

function *name*
{
Kommandofolge
}
alternativ:
name ( )
{
Kommandofolge
}
	Funktionen
	Bildet eine Funktion, die ähnlich eines Shell-internen Kommandos genutzt werden kann.
	→ Alphabetische Kommandos Seite 40
	Beispiel eines Scripts siehe auch Seite 116

select *auswahl* **in** *liste* **do** *Befehlsfolge* **done** **select** Name **in** hans eva **do** echo "Auswahl: $Name \ Ihre Eingabe: $REPLY" **done** *2 Semikolon sind als Ab-* *1) hans* *schluß der Befehlsfolge je* *2) eva* *Muster nötig!* #?: **2** *Auswahl: eva Ihre Eingabe: 2*	**Select-Anweisung** *nicht sh* Enspricht einer etwas komfortableren Schleifenverarbeitung. Sie wird über <Ctrl+d> abgebrochen oder im Script über exit oder break gesteuert. Die Eingabe der Auswahl erfolgt über die angezeigte Nummer. Über die Variable PS3 kann statt "#?" ein anderer Wert zugewiesen wer-den.

Arithmetik

Um in Shellskripten zu rechnen, gibt es mehrere Möglichkeiten:

Kommando/Art	Auswirkung
Integer-Variable **typeset -i** *zahl*	Der Variablen *zahl* können nur Ganzzahlen zugewiesen werden und kann über die Grundrechenarten verändert werden. → Variable Seite 110
Über die Bash: **$[ ] und $(( ))** **echo $[4+7*2]**	Berechnung arithmetischer Ausdrücke innerhalb der Bash *Ergebnis: 18*
Über das Kommando **expr**	Das Kommando erlaubt die Grundrechenarten mit Ganzzahlen. → **expr** Seite 34
Über das Kommando **let** "*Ergebnis=n1/n2*" alternative Schreibweise: **((Erg=n1/n2))** **n2=10** **n1=20** **let Erg=(n1+n2)*3** **echo $Erg** *90* **Beispiel: anzahl=10** **((anzahl=anzahl+1))** **((anzahl+=1))**	Ähnlich wie das Kommando expr kann let Ganzzahlen berechnen mit den Operatoren +, -, *, / % (Modulo-Division) zusätzlich kann es wie in der Programmiersprache C die kombinierten Operatoren verwenden: +=, -=, *=, /=, Klammerungen werden wie in der Mathematik verwendet. Ergebnis über echo $anzahl: *11* Ergebnis über echo $anzahl: *12*

Über das Kommando
 bc [-i]
 12*3.4
 40.8
 Beispiel eines Skripts:
 function rechne {
   bc << Ende
   scale=3
   $1
   quit
 Ende
 }
 echo "Bitte Formel eingeben: ";
 read F
 echo "Ergebnis: $(rechne $F)"
 rechne
 Bitte Formel eingeben:
 17/8
 Ergebnis: 2.125
	*b*inary *c*alculation
	 Ein sehr mächtiges Programm, um Rechenfunktionen durchzuführen. Zahlen können eine beliebige Genauigkeit haben sowohl für Ganzzahlen als auch für Nachkommastellen. Die Operatoren werden wie bei let verwendet.
	 Kommastellen werden mit "." definiert.
	 Im nebenstehenden Beispiel wird die Eingabe für die Formel z. B. 17/8 über die Terminaleingabe abgefragt. scale=3 bedeutet bei bc, dass 3 Stellen nach dem Komma berechnet und angezeigt werden.

Zusatzfunktionen der Bash

Kommando	Auswirkung
basename	Gibt den Namen einer Datei ohne Pfadangabe zurück.
basename /bin/date	Ergebnis ist: *date*
declare	Zuweisung von Variablen.
	declare entspricht *typeset* (gleiche Optionen) – beide Kommandos werden akzeptiert
dirname	Liefert nur den Pfad einer Datei
dirname /usr/bin/zip	Ergebnis: */usr/bin*
dirs	Listet mit *pushd* gespeicherte Verzeichnisse/Directories *(s. popd und pushd)*.
local *var*[=*wert*]	Innerhalb von function Zuweisung von Variablen.
popd	Wechselt in das letzte mit *pushd* gespeicherte Verzeichnis Mit *popd* können mehrere Verzeichnisse nacheinander abgearbeitet werden.
pushd *Verzeichnis*	Speichert das angegebene Verzeichnis/Directory in einer eigenen Liste (Stack), die mit *popd* zurückverfolgt werden kann.
pushd .	Speichert das aktuelle Verzeichnis/Directory.
printf *format* [*Argumente*]	Bereitet die Druckausgabe auf: Druckformatangaben wie in der Programmiersprache C.
z.B.	Druckausgabe:
printf ** **"%6,2f Euro\n" 30 150	*30,00 Euro* *150,00 Euro*
printenv	Anzeige der globalen Variabeln (entspricht **env** in ksh).
Prompting **PS1='\u@\h:\W\$'**	Zuweisen des Prompts mit Prompting-Kürzel. Auswahl der oft genutzten Kürzel: \u Username, Benutzername **\h** Hostname vor dem Punkt, **\W** der Basisname des aktuellen Verzeichnisses,

Kommando	Auswirkung
PS1 – weitere Kürzel für das Prompting	Zuweisen des Prompts mit Prompting-Kürzel (Auswahl der oft genutzten Kürzel):
	\H Vollständiger Hostname,
	\A die aktuelle Zeit im Format: HH:MM (24 Std.),
	\w das aktuelle Verzeichnis,
	\$ für normale Benutzer, ist die Benutzerkennung 0 (root), wird # ausgegeben
setterm [*option*] *Optionen:*	Terminal-Voreinstellung: Einige Beispiele:
-bold off | on	Fettschrift an/aus.
-clear	Löscht Bildschirm.
-default -	Setzt die Defaulteinstellung
-half-bright on | off	Hebt Text hervor.
-underline on | off	Unterstreicht Text.
-reverse on | off	Stellt Text mit jeweils entgegengesetzt des Hintergrunds dar.
	→tput Seite 72
source datei	Entspricht . datei
ulimit *option grenzwert* *Optionen:* **-f** *dateigröße*	Setzt Grenzwerte (Angabe in kByte). **-f** Verhindert dass Dateien erzeugt werden, die größer sind als der angegebene Grenzwert.
~/.bashrc	Entspricht in etwa (*.kshrc*) - Wird von jeder interaktiven Shell gelesen.
>&	Umleitung von Standardausgabe und Standardfehler.
{ } **ls {a,b}{1,2,3,4}**	Erweiterungsmechnismus (brace expansion) ergibt: *a1 a2 a3 a4 b1 b2 b3 b4*.
$[ ] **echo $[4+7*2]** *18.*	Berechnung arithmetischer Ausdrücke.

C-Shell (csh und tcsh)

Während bash oder ksh ohne weiteres Shell-Skripte richtig interpretiert und ausführt, führen sh-Skripte, die mit csh gestartet werden, oft zu fehlerhaftem Abbruch. Werden verschiedene Shells genutzt, sollte in der ersten Zeile einer Shell-Prozedur der run-Befehl für die entsprechende Shell eingegeben werden, zum Beispiel:

#!/bin/sh oder **#!/usr/bin/bash** oder **#!/usr/bin/ksh**
oder **#!/usr/bin/csh** und **#!/usr/bin/tcsh**

Der Prompt der C-Shell ist in der Regel das ›%‹, falls der Variablen PS1 kein anderer Wert zugewiesen wurde. Dateinamenexpansion, Ein-/Ausgabeumleitung außer Fehlerausgabe-Umleitung, Aufruf eines Hintergrundprozesses und die Positionsparameter werden genauso wie in der Bourne-, Korn-Shell oder Bash behandelt.

Unterschiede zur sh, ksh und bash

Eingabe unter ksh/bash	Eingabe unter csh/tcsh
Fehlerumleitung:	
2>	**>&**
Ablaufsteuerung:	
If-Bedingung	**if** (*Ausdruck*) Befehl
	oder
if *Befehl*	**if** (*Ausdruck*) **then**
then *Befehlsfolge*	*Befehlsfolge*
[**else** *Befehlsfolge*]	[**else**
	Befehlsfolge]
fi	**endif**
oder	oder
if *Befehl*	**if** (*Ausdruck*) **then**
then *Befehlsfolge*	*Befehlsfolge*
[**elif** *Befehl*	**else if** (*Ausdruck*) **then**
then *Befehlsfolge*]	*Befehlsfolge*
[**else** *Befehlsfolge*]	[**else**
fi	*Befehlsfolge*]
	endif
Schleifenverarbeitung	
for *Name* in *Argumente*	**foreach** *Name* (*Argumente*)
do *Befehlsfolge*	*Befehlsfolge*
done	**end**
while *Befehl*	**while** (*Ausdruck*)
do *Befehlsfolge*	*Befehlsfolge*
done	**end**

Eingabe unter ksh/bash	Eingabe unter csh/tcsh
Case-Verarbeitung	
case *Textmuster* **in**	**switch** (*Textmuster*)
Muster_1) *Befehlsfolge* **;;**	**case** *Muster1*; *Befehlsfolge*; **breaksw**
Muster_2) *Befehlsfolge* **;;**	
...	
	case *Mustern*; *Befehlsfolge*; **breaksw**
*) Befehlsfolge **;;**	**Default:** *Befehlsfolge* (optional*)*
esac	**endsw**
Goto-Anweisung	**goto** *Marke*
	...
nicht möglich	*Marke: Befehlsfolge*
Repeat-Anweisung	**repeat** *n*
nicht vorgesehen	
Variablen:	
Positionsparameter	
$0, $1, ...	**$argv[0], $argv[1],** ...
	und **$0, $1,** ...
Vordefinierte Variable	Viele auch in Kleinbuchstaben
$HOME	**$home**
oder (nicht sh):	*oder ~[benutzer]*
~[benutzer]	
Setzen von Variablen	
export PATH=\	**setenv path** \
$PATH:*/home /kurs/bin*	(**$path** */home/kurs/bin*)
Bereitzeichen mit aktuellen	**setenv prompt** \
Pfadnamen zuweisen unter ksh:	**"%B%m%b %C2%#"**
export PS1=' **$PWD >'**	(nicht Original-BSD-C-Shell)
unter bash:	hierbei steht:
export PS1='\u@\h:\W'	**%B (%b)** für Fettschrift einstellen (aufheben)
	%m für den Hostnamen bis zum ersten ›.‹
	%C2 für die letzten beiden Teile des
	Pfadnamens
Rechnen mit Variablen	set Name = Wert
zahl=10	set Name = `Expression`
zahl=$(**expr** *$zahl + 1*)	**set** *zahl* = 10
typeset -i *zahl=10*	**set** *zahl* = `**expr** *$zahl + 1*`
zahl=$*zahl*+1	
Aliasbildung/-aufhebung:	
alias *kürzel="Befehl* "	**alias** *kürzel Befehl*
alias ll="ls -l"	
unalias *kürzel*	**unalias** *kürzel*

AWK Kurzübersicht

Eingabe	Funktion
Aufruf:	Reportgenerator
awk	Dateien oder Zeichenstrings werden zeilen-
'**[BEGIN** { *Startanweisungen* ... }	weise gelesen
]	und feldbezogen bearbeitet. Startanweisun-
[/*Suchmuster/*] { ...	gen, Suchmuster und abschließende Anwei-
Aktionen ...	sungen sind optional [ ].
}	Neben Konstrukten, umfangreichen Suchfunk-
END [{	tionen (mit regulären Ausdrücken) können
Abschlussanweisungen ...	Variable, arithmetische Operationen und Funk-
}]	tionen für Zeichenketten genutzt und forma-
' [*Eingabedatei(en)*]	tiert ausgegeben werden.
/Muster mit regulären	**Suchanweisung**
Ausdrücken/	→Beispiel 1 Seite 123
Beispiel:	
/München/ { print $1 }	
Vordefinierte Variable:	**Variable**: › Beispiel 2 Seite 123
$0	gesamte Zeile
$1	1. Feld (Spalte)
$n	*n*. Feld (Spalte)
FS	*Field Separator* (*Default:blank/tab*)
NF	*Number of Fields* (Anzahl der Felder je Zeile)
NR	*Number of Record* aktuelle Zeilennumme
RS	*Record Separator* (Trennzeichen)
FILENAME	Dateiname der bearbeiteten Datei
Zuweisung von Variablen:	
Name = "Wert"	Textzuweisung
Name = Befehl(...)	Zuweisung von Ergebnissen aus Befehlen
	Zuweisung einer Zahl
Name = n	Verwendung der Variablen
Name	(ohne $ nur Namen)

Syntax der Konstrukte im awk: →Beispiel 3 Seite 123

if (*Bedingung*) *Anweisung_1*

if (*Bedingung*) { *Anweisung_1;* [*Anweisung_2; Anweisung_n*]}

while (*Bedingung*) *Anweisung*

for (*Ausdruck_1; Bedingung*) *Anweisung*

for (*Variable in Feld*) *Anweisung*
Mehrere Anweisungen werden mit { ... } *geklammert*

Formatierte Ausgabe

Eingabe	Funktion
break	Beendet eine for- oder while-Schleife.
continue	Springt an das Ende einer Schleife.
next	Überspringt evtl. weitere Alktionen für die aktuelle Zeile und geht zur nächsten Zeile.
exit	Springt zum Ende-Teil, führt ihn aus (falls vorhanden) und beendet den awk.
#	Kommentarzeichen

Formatierte Ausgabe

printf (%*Format1* **["%***Format2*] **[%***Formatn*]**"**, *Wert1*,*Wert2*, \ *Wertn*)

Beispiel: **printf ("%-20s %10.2f\n", $7, $3/1000)**

Bedeutung der Formatangaben:

-	linksbündige Ausrichtung
Anzahl	max. Stellenanzahl
Anzahl.Anzahl	Anzahl mit Nachkommstellen einer Gleitpunktzahl
s	String
f	Gleitkomma
d	(*decimal*) Ganzahliger Wert

1.2, .3, 23e2	Gleitpunktzahlen (Angabe von + oder – erlaubt)
" *Text ...* "	Textkonstante durch " ... " geklammert
\t	Tabulator
\n	Zeilenumbruch (*new line*)
****	Das Zeichen \

gsub ("*ra*", "*neu*", "*text*")	(*global substitution*) Substitution "text" wird nach "ra" (*regulärer Ausdruck*) durchsucht und durch "neu" ersetzt.
sub ("*ra*", "*neu*", "*text*")	Wie oben – doch es wird nur beim 1. Vorkommen ersetzt.
index ($0, "*t2*")	Sucht in jeder Zeile den String "t2" und liefert die Position zurück.
length (*Ausdruck*) Beispiel: **length** ($0)	Liefert die Anzahl der Zeichen in Ausdruck. (Zeichen/Zeile)
substr ("*Text*", "*m*", "*n*") **substr** ("*Text*", "*m*")	Schneidet einen *n*-langen Text, beginnend beim *m*-ten Zeichen aus. Ohne "*n*" wird von "*m*" bis Ende ausgeschnitten.

Eingabe	Funktion
split ("*Ausdr*", "*Name*", "*tr*") **split** ("*Ausdr*", "*Name*")	Der Text "*Ausdr*" wird entsprechend dem Trennzeichen "*tr*" in Feldelemente zerlegt und dem Array "*Name*" zugewiesen. Die einzelnen Elemente können mit Name[1] bis Name[*n*] abgerufen werden.
match ("*Text*"," *ra*")	Die Zeichenkette "*Text*" wird nach "ra" durchsucht und die Position des ersten Zeichens zurückgegeben.
Zuweisung numerischer Werte *Variable += Ausdruck* *Variable -= Ausdruck* *Variable *= Ausdruck* *Variable /= Ausdruck*	Entspricht Neuzuweisung *Variable = Variable + Ausdruck* *Variable = Variable – Ausdruck* *Variable = Variable * Ausdruck* *Variable = Variable / Ausdruck*
Logische Ausdrücke <, <=, ==, !=, >=, >> **logische Verknüpfungen** && || ! **Operatoren** ~ !~	Vergleichsoperatoren UND beide Operanden wahr ODER einer der Operanden wahr Negation "ist enthalten in" "ist nicht enthalten in"
Beispiel 1: **sort /etc/passwd | awk '** **BEGIN {** **FS=":"** **}** # Aktionen **je Zeile** **{** **print $1, $4,$5** **}** **'**	Sortierte Ausgabe der Felder 1, 4 und 5 von /etc/passwd Beginn der Startanweisung Trennzeichen je Feld ist ":" Ende der Startanweisung Kommentar Anfang der Schleife für jede Zeile Aktionen (Ausgabe) Ende der Schleife Ende von AWK
Beispiel 2: *Albers Hamburg 040-213344 30000 20000* *Mayer München 089-432678 60000 55000* *Huber München 089-915530 25000 22000* **awk '/München/ { print $1 }' statistik** *Mayer* *Huber*	Suchfunktion auf eine Datei (statistik):
Beispiel 3: **awk ' /^$/ {print NR}' t.txt**	Variable. Sucht nach Leerzeilen in der Datei t.txt und gibt die Zeilennummern (Variable NR) aus.

Eingabe	Funktion
Beispiel 4: **ls -l | awk '/^d/ {print $8, \ "\t"** **$1}'**	Zeigt von der Ausgabe von ls -l nur den Namen der Unterverzeichnisse ($8) und mit einem Tabulatorzeichen getrennt den Dateityp mit Zugriffsrechten ($1).
Beispiel 5: **df -k | tail +2 | awk '** **BEGIN {** **freie_bytes = 0** **summe = 0 }** **{ freie_bytes = $4/1024** **summe+= freie_bytes** **if (freie_bytes < 100)** **printf ("%-20s %10.2f ** ***** Achtung \n", \ $6,** **freie_bytes)** **else printf ** **("%-20s %10.2f \n", $6, ** **freie_bytes)** **}** **END { printf("%-20s ** **%10.2f\n", "Summe:",** **summe)** **}** **'**	Beispiel mit If-Abfrage, Variable, arithmetische Funktionen und formatierte Ausgabe df ab Zeile 2 (ohne Überschrift) definieren der Variablen mit Zuweisung von 0 Main: Arithmethische Fuktionen if-Anweisung formatierte Ausgabe "mögliche Ausgabe:" / 1045,57 /boot 37,55 *** Achtung /home 3855,00 Summe 4938,12 Ende-Anweisung. Ausgabe der Summen Ende der END-Anweisung Ende von awk
Beispiel 6. **awk '** **BEGIN {N = 0}** **{if (length == 0)** **N++ }** **END { print "Es sind " ** **N "Leerzeilen in " ** **FILENAME " enthalten" }'** **t.txt**	Arithmetische Anweisungen Gibt die Anzahl der Leerzeilen in der Datei t.txt aus. Wenn die Länge der Zeile "0" ist, dann Addiere zu N 1 hinzu. Zum Abschluss drucke das Ergebnis aus.
Beispiel 7: **awk '** **/München/ { count ++ }** **END {** **print ("Es sind " count "** **Münchner")** **}** **' statistik**	Zählt alle Adressen aus München (Musterdatei statistik Seite 123)

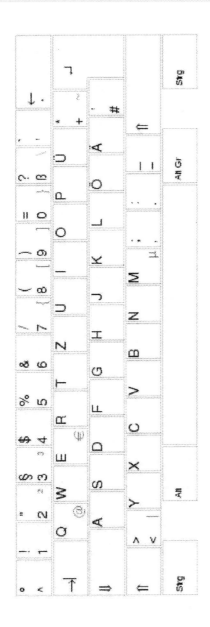

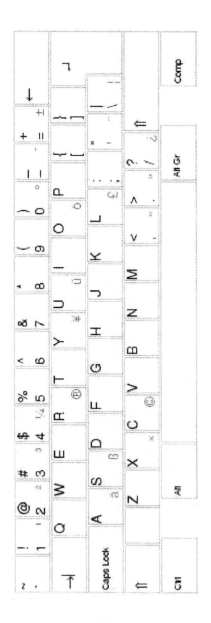

126

ÜBER DIE AUTORIN

Christine Wolfinger arbeitet seit 1983 im Umfeld von Unix/Linux.
Nach dem Aufbau einer Abteilung für Dokumentation von Unix-Systemen
übernahm sie die Leitung des Seminar-Centers eines Münchner System-
hauses. Mit didaktischem Gespür entwickelte sie in Zusammenarbeit mit
Fachleuten erste Unix-Seminare und führte diese erfolgreich durch. Aus
den Schulungserfahrungen entstand ihr erstes Buch „Keine Angst vor
Unix", das stets aktualisiert, dann um Linux erweitert wurde und inzwi-
schen in der 11. Auflage vorliegt. 2004 folgte das Buch „Linux System-
administration", das sie gemeinsam mit den Co-Autoren Jürgen Gulbins
und Carsten Hammer erstellte.

Seit über 10 Jahren arbeitet Frau Wolfinger freiberuflich als Fachautorin
und führte Seminare für Firmen, Ministerien und Institute im In- und
Ausland durch. Das Spektrum reicht dabei von Anwendersoftware über
Unix/Linux, Entwicklungsumgebungen und Systemverwaltung bis hin zu
Netzwerken. Seit 2011 hält sie nur noch hin und wieder Kurse. Auf Ihrer
Webpage sehen Sie, dass Sie sich nun hauptsächlich der Aquarellmalerei
widmet.

www.ChristineWolfinger.de

Printed in the United States
By Bookmasters